CURSO DOS AVANZADO

Nuevas vistas

Cuaderno de práctica

HOLT, RINEHART AND WINSTON

A Harcourt Classroom Education Company

Austin · New York · Orlando · Atlanta · San Francisco · Boston · Dallas · Toronto · London

Contributing Writers:

Karin Fajardo
Sylvia Madrigal
Marcia Tugendhat

Native Speaker Reviewer:

Fabio Andrés Martínez

Cover Illustration Credit: SuperStock

Cover Photo Credit: Christine Galida/HRW

Printed in the United States of America

ISBN 0-03-064399-6

17   018   09 08

ÍNDICE

Colección 6 Perspectivas humorísticas

Ampliación Hojas de práctica

Colección 1

Colección 2

Colección 3

Colección 4

Colección 5

Colección 6

Colecciones 1–6:

Actividades

COLECCIÓN 1 Esfuerzos heroicos

de *Autobiografía de un esclavo* • Juan Francisco Manzano

Vocabulario esencial

1. Determina cuál es la relación entre cada par de palabras. Escribe **A** si las palabras son antónimos o **S** si son sinónimos. Consulta un diccionario si es necesario.

_____ **1.** súbito : repentino

_____ **2.** andrajoso : harapiento

_____ **3.** fuga : huida

_____ **4.** consentimiento : desaprobación

_____ **5.** halagüeño : prometedor

_____ **6.** postrarse : ponerse de pie

_____ **7.** asearse : ensuciarse

_____ **8.** impertinente : oportuno

_____ **9.** afligir : alegrar

_____ **10.** cundir : extenderse

2. Escribe en los espacios en blanco la palabra del cuadro que mejor corresponde a las palabras subrayadas. Cambia la forma de la palabra si es necesario.

Palabras para escoger				
lío	heredero	sosegar	incesante	encomendarse
prenda	hurto	instar	inutilizarse	diligencia

_____ **1.** Sin ninguna otra opción, él <u>se entregó</u> al destino.

_____ **2.** El ruido <u>constante</u> del reloj en la mesa no me dejó dormir.

_____ **3.** El licenciado tuvo que cumplir varias <u>tareas</u> en el centro hoy.

_____ **4.** Hija de empresarios, un día será <u>beneficiaria</u> de una inmensa fortuna.

_____ **5.** No hay modo de <u>calmar</u> a los niños después del recreo.

_____ **6.** Por favor, haz algo con ese <u>paquete</u> de papeles en el escritorio.

_____ **7.** Mi tía se compró unas <u>alhajas</u> impresionantes en Nueva York.

_____ **8.** Se <u>insistió</u> a los dueños de la fábrica para que dieran un aumento de sueldo.

_____ **9.** Las carreteras <u>se inhabilitaron</u> debido al reciente terremoto.

_____ **10.** El detective concluyó que el <u>robo</u> había sido realizado por un grupo terrorista.

de Autobiografía de un esclavo

Comprensión del texto

3. Las **causas** son las razones por las que ocurre algo. Los **efectos** son las consecuencias de lo que ha ocurrido. Busca el efecto que corresponde a cada una de las causas en *Autobiografía de un esclavo*.

Causas

_____ **1.** Se murió la mamá de Manzano.

_____ **2.** Manzano vendió la manilla para pagar las misas de su madre.

_____ **3.** Manzano le contó a Don Saturnino por qué estaba en el Molino.

_____ **4.** Fue a lavarse sin pedirle permiso a su dueña.

_____ **5.** Manzano se cayó y se le rompió el barril.

_____ **6.** Un criado libre le dijo que fuera por el caballo.

Efectos

a. La dueña lo mandó traer agua en un barril.
b. Manzano decidió fugarse a La Habana.
c. Manzano halló una caja con joyas de oro.
d. La dueña se dio cuenta y lo mandó al Molino.
e. Don Saturnino lo mandó desatar y le dio de comer.
f. Se pensaba que lo había hecho a propósito y fue amenazado con el Molino.

Análisis del texto

4. Contesta las siguientes preguntas con oraciones completas.

1. Con base en la secuencia de causas y efectos en este relato, ¿crees que Manzano es responsable por su sufrimiento? ¿O es víctima de las circunstancias?

_____

_____

_____

2. En tu opinión, ¿qué motivación personal tendría Manzano en contar este episodio de su pasado? ¿Qué efecto crees que quería producir en el lector?

_____

_____

_____

«En la noche» • Horacio Quiroga

Vocabulario esencial

1. Busca la definición que corresponde a cada una de las palabras.

_____ **1.** abolir

_____ **2.** bramido

_____ **3.** remontar

_____ **4.** atracar

_____ **5.** mutismo

_____ **6.** aguijón

_____ **7.** tregua

a. arrimar las embarcaciones a tierra o a otra nave

b. grito que expresa dolor

c. silencio

d. quitar, suprimir

e. descanso temporal en un trabajo o actividad

f. navegar hacia arriba en una corriente de agua

g. parte puntiaguda de ciertos animales que sirve para picar e inyectar veneno

2. Busca en un diccionario un sinónimo para cada una de las siguientes palabras. Luego escribe una oración original usando la palabra del **Vocabulario esencial**.

MODELO aliciente
Sinónimo: **incentivo**
Oración: **El premio le sirvió de aliciente para seguir entrenando.**

1. pulcro   Sinónimo: _____

Oración: _____

2. lucrativo   Sinónimo: _____

Oración: _____

3. implacable   Sinónimo: _____

Oración: _____

4. adyacente   Sinónimo: _____

Oración: _____

5. exasperar   Sinónimo: _____

Oración: _____

6. aferrado   Sinónimo: _____

Oración: _____

«En la noche»

Comprensión del texto

3. Completa el cuadro con ejemplos de la lectura que corresponden a los siguientes elementos literarios.

Definiciones	Ejemplos de «En la noche»
Ambiente: Tiempo y lugar en que se desarrolla la acción de una narración.	
Caracterización: El conjunto de técnicas que utiliza un escritor para crear los personajes de una obra literaria.	
Clímax: El momento culminante de un cuento, un drama o una novela que determina su desenlace.	
Conflicto: El elemento central de un cuento, un drama o una novela. Es la lucha que un personaje enfrenta con otro personaje, consigo mismo o con algo a su alrededor.	
Personificación: El dar características o sentimientos humanos a un animal o a un objeto.	

Análisis del texto

4. Contesta las siguientes preguntas con oraciones completas.

1. Al principio, el narrador tiene una impresión fija del río Paraná y de la pareja que conoce. Al final del cuento, ¿cambia su opinión del río? ¿de la pareja? Explica tu respuesta.

_____

_____

_____

_____

2. En tu opinión, ¿cuál es el tema o la idea principal de «En la noche»?

_____

_____

«Trabajo de campo» • Rose Del Castillo Guilbault

Vocabulario esencial

1. El vocabulario que la autora emplea ayuda a crear el tono del cuento. Siguiendo el modelo, decide si cada palabra tiene una connotación negativa, positiva o neutral. Luego escribe dos o tres características o imágenes que asocias con esa palabra.

Palabra	Connotación	Asociaciones
incapaz	negativa	falta de talento o aptitud
1. chapado a la antigua		
2. rendirse		
3. desalentador		
4. restregarse		
5. mediar		
6. encogerse		
7. recompensa		

COLECCIÓN I • LECTURA

«Trabajo de campo»

Comprensión del texto

2. Primero escribe el nombre del personaje descrito en las siguientes oraciones. Luego busca la forma de caracterización que corresponde a cada una de las descripciones.

Personajes: la narradora, la madre, el padre

_____, ___ **1.** Era un mexicano chapado a la antigua.

_____, ___ **2.** Su método consistía en arrastrar el saco con las manos, dejarlo en un lugar fijo y correr de un lado para otro.

_____, ___ **3.** Se sentía como si alguien le hubiese puesto un hierro caliente entre los hombros.

_____, ___ **4.** Dijo: «Merece la pena esforzarse cuando la recompensa es buena».

_____, ___ **5.** Al llegar a casa, se extrañó de verlas sentadas y bien arregladas.

_____, ___ **6.** Tenía los ojos teñidos de sangre, las pestañas y el pelo cubiertos de polvo, y la ropa de trabajo manchada de barro.

a. Caracterización directa: El autor le cuenta directamente al lector cómo es un personaje.
b. Caracterización indirecta: El autor muestra al personaje en acción.
c. Caracterización indirecta: El autor utiliza las palabras del personaje en el diálogo.
d. Caracterización indirecta: El autor describe la apariencia física del personaje.
e. Caracterización indirecta: El autor revela pensamientos y sentimientos del personaje.
f. Caracterización indirecta: El autor muestra las reacciones de otras personas hacia el personaje.

Análisis del texto

3. Contesta las siguientes preguntas con oraciones completas.

1. ¿Cuál es el personaje más importante y qué técnica se emplea con más frecuencia para caracterizarlo?

_____

_____

_____

2. ¿Cuál es la lección más importante que la narradora aprende a raíz de esta experiencia? ¿Cuál es la moraleja del cuento?

_____

_____

A leer por tu cuenta

«Soneto 149» • Sor Juana Inés de la Cruz

Crea significados

Primeras impresiones

1. ¿Cuáles fueron tus primeras impresiones de Sor Juana al leer el soneto? ¿Por qué?

_____

_____

Interpretaciones del texto

2. El soneto es una composición poética que tiene catorce versos de once sílabas distribuidos en dos cuartetos seguidos de dos tercetos. Los primeros ocho versos del soneto forman dos cuartetos, mientras que los últimos seis versos forman dos tercetos. Consulta el soneto para contestar las siguientes preguntas.

   a. ¿Qué palabras riman en el primer cuarteto? ¿Se repite este patrón en el segundo cuarteto?

   _____

   _____

   b. ¿Qué palabras riman en los dos tercetos? ¿Siguen el mismo patrón de los cuartetos?

   _____

   _____

3. ¿Cómo cambia el tono del poema entre el segundo cuarteto y el primer terceto? Fíjate en cómo empiezan los versos 1, 5 y 9.

_____

_____

_____

4. ¿Cuál es el tema que se desarrolla en este soneto?

_____

_____

«Soneto 149»

. . . .

Preguntas al texto

5. Si le tuvieras que poner un título a este soneto, ¿qué título le pondrías? ¿Por qué?

_____

_____

Vocabulario en contexto

1. Escribe en los espacios en blanco el antónimo del cuadro que mejor corresponde a las palabras subrayadas. Cambia la forma de la palabra si es necesario.

Palabras para escoger				
desbocado	discreto	fogoso	provocar	osado

_____ I. Máximo, el héroe <u>cobarde</u>, arriesgó su vida por su familia.

_____ 2. Hacía todo con entusiasmo y fue conocido por su pasión <u>calmada</u>.

_____ 3. Todos decían que era <u>imprudente</u> porque consideraba sus opciones antes de actuar.

_____ 4. Nadie se atrevía a <u>tranquilizarlo</u> porque sabía defenderse bien.

_____ 5. Sólo cuando amenazaban a su familia mostraba su ira <u>controlada</u>.

2. Contesta las preguntas con oraciones completas. Justifica tu respuesta con un ejemplo.

I. ¿Cómo se comporta una persona osada?

_____

2. ¿Qué hacen los estudiantes traviesos para provocar a su profesor(a)?

_____

3. ¿Qué hace un vecino que es poco discreto?

_____

4. Si se dice que alguien es de carácter fogoso, ¿cómo demuestra esta característica?

_____

5. Si montaras a caballo y éste corriera desbocado, ¿qué podrías hacer para detenerlo?

_____

Nuevas vistas Curso avanzado 2

«Soneto 149»

···

Comprensión del texto

3. Completa el cuadro con tres palabras o imágenes que asocias con las siguientes palabras del soneto.

«mar»	«toro»
«jinete»	«Apolo»

Análisis del texto

4. Contesta las siguientes preguntas con oraciones completas.

 I. En tu opinión, ¿por qué utilizó Sor Juana las imágenes del mar, del toro, del jinete y de Apolo en el soneto?

 _____

 _____

 2. ¿Qué imagen es la que mejor apoya el tema del soneto? Justifica tu respuesta.

 _____

 _____

 _____

Vocabulario esencial

1. Busca la definición que corresponde a cada una de las palabras de *Autobiografía de un esclavo*.

_____ 1. atinar

_____ 2. declive

_____ 3. hurto

_____ 4. inclinación

_____ 5. instar

_____ 6. muda

_____ 7. impertinente

_____ 8. sosegar

a. insistir en una petición o súplica

b. cambio de ropa

c. afecto, amor

d. calmar las inquietudes de ánimo

e. inoportuno; que no viene al caso

f. pendiente, cuesta o inclinación del terreno

g. lograr o acertar a hacer algo

h. robo

2. Escribe en los espacios en blanco la palabra de «En la noche» que mejor corresponde a las palabras subrayadas. Cambia la forma de la palabra si es necesario.

Palabras para escoger			
aliciente	mutismo	popa	extenuación
pesadilla	bramido	pulcro	diseminado

_____ 1. Según el narrador, la pareja parecía ser unos <u>limpios</u> burgueses.

_____ 2. Los pobladores <u>esparcidos</u> en la costa les habían vendido miel y naranjas.

_____ 3. El único <u>incentivo</u> para remontar el río una vez más era el de ganar dinero.

_____ 4. La mujer escuchó un <u>grito de dolor</u> de su esposo, quien había sido picado por una raya.

_____ 5. Ella le dijo que se acostara en <u>la parte posterior de la nave</u> mientras que ella remaba.

_____ 6. En un <u>silencio</u> desesperado, la mujer remó por muchas horas.

_____ 7. La mujer no iba a dejar que su <u>cansancio extremo</u> la detuviera.

_____ 8. Esa noche de angustia y dolor fue <u>un sueño espantoso</u>.

Vocabulario esencial

3. Primero completa las oraciones con la palabra que falta. Cambia la forma de la palabra si es necesario. Luego numera las oraciones de 1 a 5 en el orden en que ocurrieron en «Trabajo de campo».

Palabras para escoger			
arrimar	surco	ceñirse	rendirse
costear	mediar	capataz	recompensa

_____ **a.** Estaba tan cansada que ya no le importaba la _____. Sin embargo, se sentía mal por _____ después de tanto trabajo.

_____ **b.** Después de que el _____ le enseñó a recoger los ajos correctamente, ella trató de _____ el saco en diferentes partes del cuerpo.

_____ **c.** Quería ir de vacaciones, pero sus padres no se lo podían _____.

_____ **d.** Los tres decidieron _____ el hombro para terminar los _____ que les faltaban.

_____ **e.** Su papá _____ con el jefe para que las dejara formar parte de la cuadrilla.

Mejora tu vocabulario

4. Busca la palabra o expresión de un registro más alto que corresponde a cada uno de los ejemplos del lenguaje informal.

_____ **1.** flacuchento

_____ **2.** tragarse el disgusto

_____ **3.** poner los pelos de punta

_____ **4.** dejar en paz

_____ **5.** como quiera

_____ **6.** hacérsele un nudo en la garganta

_____ **7.** darle vuelcos el corazón

_____ **8.** meterse en la piel

a. disimular

b. como le convenga

c. angustiarse

d. aterrar

e. delgado

f. impregnar

g. no mortificar

h. tener deseos de llorar

Gramática

. . . .

Los pronombres personales

1. En cada párrafo, identifica los pronombres personales y subráyalos. Luego escribe la persona a quien se refieren en el espacio en blanco.

1. Mi mejor amiga se llama Elena. Ella es inteligente y siempre se esfuerza por ayudar a los demás. La quiero mucho. _____

2. Eduardo y Olivia se prometieron que irían al cine. Ellos querían ver una nueva película de ciencia ficción. Cuando los vi en el cine, tuve que decirles que la película era pésima.

_____

Los pronombres de sujeto

2. Completa las oraciones con el pronombre de sujeto adecuado. Luego en el espacio en blanco, indica su persona (primera, segunda o tercera) y número (singular o plural).

MODELO   Le dije a Raquel que **yo** no me metía al mar. **(primera persona, singular)**

1. _____ buceamos toda la tarde. _____

2. No querían que Juanito nadara solo, a menos que _____ se pusiera un salvavidas.

_____

3. ¿Dónde estabas _____ cuando Raquel empezó a gritar? _____

4. Tal vez ustedes estaban aburridos, pero _____ lo pasamos bien.

_____

5. Cuando los niños oyeron el silbido del salvavidas, _____ salieron del agua.

_____

6. En cuanto a Raquel, _____ jura haber visto un tiburón. _____

3. Contesta las preguntas negativamente usando los pronombres de sujeto.

1. ¿Tocan el violín las amigas de Marta?

_____

2. ¿Es tu tío un aficionado de Julio Iglesias?

_____

Gramática

3. ¿Ha visto usted a Marta en concierto?

_____

4. ¿Conoces al profesor de música?

_____

5. ¿Quieren ustedes oírla tocar el violín?

_____

6. ¿Practican Marta y Andrés todas las tardes?

_____

Los pronombres de complemento directo e indirecto

4. Lee el siguiente párrafo. Subraya los pronombres de complemento directo y encierra en un círculo los pronombres de complemento indirecto.

Entramos al restaurante de David y lo vimos con unos clientes. Ellos le pidieron el platillo del día y él se lo sirvió en seguida. Después, David nos llevó a una mesa y nos dio el menú. Le dijimos que sólo queríamos tomar una limonada.

5. Completa el diálogo con los pronombres de complemento directo e indirecto.

SONIA   Chicas, ¿**1.** _____ ayudan a buscar mi billetera? No

2. _____ encuentro.

PATRICIA   Pues yo tampoco encuentro mi bolsa. ¡Creo que alguien **3.** _____ ha robado!

JULIA   ¿Qué hacemos? ¿Llamo al gerente del hotel?

PATRICIA   Sí, **4.** lláma_____ inmediatamente.

JULIA   ¿Aló? ¿Es usted el gerente? ... Sí, sí, así es. **5.** _____ daré las buenas noticias a mis compañeras. **6.** _____ **7.** _____ agradecemos, señor. Adiós.

SONIA   ¿Qué **8.** _____ dijo, Julia?

JULIA   ¡No **9.** _____ van a creer!

Gramática

6. Escribe las oraciones de nuevo, sustituyendo los complementos directos e indirectos por pronombres.

1. Carlos le mostró al profesor sus últimas tareas.

_____

2. Pablo y Joaquín no han perdonado a su primo.

_____

3. Voy a enviarle esta carta al director.

_____

4. Sofía nos enseña danza moderna.

_____

5. El médico vio a los pacientes y les recetó esta medicina.

_____

7. Contesta las preguntas usando los pronombres de complemento directo e indirecto.

1. ¿A quién le prestas dinero a veces? ¿Siempre te devuelve el dinero?

_____

2. ¿Te gusta escribir mensajes electrónicos? ¿Por qué sí o por qué no?

_____

3. ¿Quién te manda mensajes electrónicos?

_____

4. ¿A quién le cuentas tus problemas? ¿Por qué?

_____

5. ¿Quién te da consejos? ¿Cuándo se los pides?

_____

6. ¿Qué le dices a alguien que te ha invitado a salir?

_____

7. ¿Le compras ropa a tus amigos? ¿En qué ocasiones?

_____

Gramática

Los pronombres de complemento preposicional

8. Completa la carta de recomendación con los siguientes pronombres de complemento preposicional.

conmigo	mí	ella	ellos	ustedes

Estimados señores:

Les recomiendo a **1.** _____ a la señorita Adriana Fernández para el puesto de

asistente. Sin **2.** _____, yo no habría terminado el proyecto. He tenido otros

asistentes pero Adriana les sobrepasa a todos **3.** _____.

A **4.** _____ me parece que Adriana es extremadamente eficaz y siento mucho

que no pueda continuar trabajando **5.** _____.

9. Contesta las preguntas afirmativamente usando los pronombres de complemento preposicional.

   1. ¿Es para mí? _____

   2. ¿Jugaste contra Pilar y Claudia? _____

   3. ¿Viven tus abuelitos contigo? _____

   4. ¿Viajas sin nosotros? _____

   5. ¿Va Laura contigo y Gabriel? _____

   6. ¿Te lo dijo a ti? _____

10. Completa las oraciones con el pronombre de complemento preposicional adecuado. Luego subraya la(s) persona(s) a quien(es) se refiere el pronombre.

   1. Leí un artículo sobre Isabel Allende. ¿Sabes algo de _____?

   2. Tú me prometiste una carta y no he recibido nada de _____.

   3. Yo te voy a ayudar; puedes contar _____.

   4. Roberto y Claudia se fueron hace cinco minutos. Estas llaves deben ser de

     _____.

   5. Yo entro primero con tal de que estés detrás de _____.

   6. Si tú y Pablo necesitan el dinero, se lo mando a _____ mañana.

Gramática

Los pronombres reflexivos

11. Escribe una **X** solamente al lado de las oraciones y preguntas que usan el pronombre reflexivo. Luego indica si el pronombre reflexivo funciona como complemento directo o indirecto.

_____ **1.** ¿A qué hora te acuestas?　　　　　_____

_____ **2.** ¿Están esperándome?　　　　　　　_____

_____ **3.** Se lo quitamos enseguida.　　　　　_____

_____ **4.** Póntelo antes de salir.　　　　　　　_____

_____ **5.** Se le rompió un diente.　　　　　　　_____

_____ **6.** ¿Se los lavaste bien?　　　　　　　　_____

_____ **7.** Me los compré ayer.　　　　　　　　_____

_____ **8.** Nos levantamos a las ocho.　　　　　_____

_____ **9.** Prepárense un sándwich.　　　　　　_____

12. Completa el párrafo con los pronombres reflexivos. Luego subraya la(s) persona(s) a quien(es) se refiere el pronombre.

Todos los veranos vamos a la playa. Antes de ir, mis hermanas **1.** _____ compran

trajes de baño. Nosotros no podemos llevar al perro así que **2.** _____ despedimos de

él. En el carro, mi madre siempre me pregunta si yo no **3.** _____ he olvidado de algo.

Yo le digo a ella que no **4.** _____ preocupe porque yo nunca **5.** _____ olvido de

nada. Cuando llegamos a la playa, mis hermanas y yo **6.** _____ divertimos mucho, pero

al final, estamos cansadísimos. ¿Y tú? ¿Cómo **7.** _____ diviertes durante el verano?

Gramática

Los pronombres posesivos

13. Reemplaza los pronombres dados por los pronombres posesivos y combina los elementos para formar oraciones completas.

> **MODELO** ese / diccionario / tú
> **Ese diccionario es tuyo.**

1. aquella / computadora / yo

_____

2. estas / revistas / ella

_____

3. este / bolígrafo / tú

_____

4. aquellos / documentos / no / nosotros

_____

5. estos / audífonos / ustedes

_____

6. este / diskette / tú

_____

7. ese / módem / no / yo

_____

14. Completa las oraciones con el pronombre posesivo.

> **MODELO** Yo tengo mis problemas y tú **tienes los tuyos.**

1. Uds. expresan sus opiniones y nosotros _____.

2. Tú realizarás tus metas y yo _____.

3. Nosotros tenemos nuestros sueños y Uds. _____.

4. Yo llamo a mis amigos y tú _____.

5. Isabel tiene sus preocupaciones y Sergio _____.

6. Tú desarrollarás tu talento y yo _____.

Gramática

Los pronombres demostrativos

15. En cada oración, identifica el pronombre demostrativo y subráyalo. Luego en el espacio en blanco, indica su género (masculino o femenino) y número (singular o plural). Si no tiene género, escribe **neutro.**

1. No me gustan estos carros pero sí me gusta aquél. _____

2. Estos escritorios son nuevos y aquéllos son viejos. _____

3. ¿Te parece que eso fue un éxito? _____

4. Por favor, mándale éstas esta tarde. _____

5. No creo que ésos sean muy buenos. _____

6. Quiero comprarme esta blusa y no ésa. _____

16. Escribe las oraciones de nuevo, reemplazando los sustantivos y adjetivos demostrativos con un pronombre demostrativo.

MODELO   No sé lo que significa esa palabra.
No sé lo que significa ésa.

1. Contestaré esas cartas en orden de importancia.

_____

2. Aquel traje viejo pertenecía a mi tío.

_____

3. Jazmín es el nombre de esta flor pequeñita.

_____

4. ¿Cuándo llegó este cargamento?

_____

5. Estas chuletas son mejores que aquellas chuletas.

_____

6. Ese libro no tiene índice.

_____

Nuevas vistas Curso avanzado 2

Comparación y contraste

El complemento indirecto en español y sus equivalentes en inglés

17. Traduce las oraciones al inglés.

1. Ese señor nos vendió el terreno en California.

   _____

2. Les tengo horror a las serpientes.

   _____

3. Les echaron fertilizante a las plantas.

   _____

4. Ignacio no me lo explicó a mí.

   _____

5. Le hicieron una fiesta de sorpresa a Mario.

   _____

6. Te los dejé sobre la mesa.

   _____

18. Traduce las oraciones al español.

1. Virginia prepared it for me.

   _____

2. Orlando swept the floor for you.

   _____

3. The bear took the honey from the bees.

   _____

4. I put a little bit of pepper in the soup.

   _____

5. Gustavo bought the candy for Sergio.

   _____

6. I washed my parents' car.

   _____

Ortografía

. . . .

Letra y sonido

1. Escribe las oraciones de nuevo, usando letras mayúsculas cuando sea necesario.

I. *cien años de soledad* es una famosa novela de gabriel garcía márquez.

_____

2. mañana voy a el salvador en el vuelo que parte desde buenos aires.

_____

3. nos visitó una delegación de la oea para supervisar las obras del museo nacional.

_____

4. la conferencia fue presidida por su excelencia el embajador de argentina.

_____

5. la revista *mi mundo* tiene un artículo interesante sobre la semana santa.

_____

6. el presidente hugo chávez dará un discurso el día de los niños.

_____

2. Encierra en un círculo todas las letras que deben escribirse con mayúscula en lugar de minúscula.

muy señor mío:

me dirijo a ud. para solicitar el puesto de jefe de ventas anunciado en el periódico *el país* el día 9 de julio.

me gradué de la universidad de salamanca y tengo dos años de experiencia como vendedora en la empresa electrónica costa blanca.

además del español, domino el francés y tengo conocimientos del inglés después de haber estudiado en ee.uu. el verano pasado.

tendré mucho gusto en entrevistarme con uds. cuando lo consideren conveniente.

atentamente,

julia fuentes

Ortografía

La acentuación

3. Completa las oraciones con la palabra correcta.

1. A (el/él) le gusta (el/él) arroz con leche que hace (tu/tú) abuelita.

2. (Si/Sí) Juan le pide dinero, no le (de/dé) ni un centavo.

3. (Te/Té) puedo ofrecer (te/té) verde de Japón.

4. Manolito (se/sé) quedó (solo/sólo) en casa.

5. ¿Qué sabes (tu/tú) de (mi/mí) niñez?

6. ¿Esto es (solo/sólo) para (mi/mí)?

7. En el hospital, Paulina se puso (aun/aún) (mas/más) enferma.

8. Solamente (se/sé) que viene (de/dé) visita.

4. Pon un acento diacrítico en las palabras que lo necesiten.

1. ¿Cuando llegaron los paquetes de Puerto Rico?

2. No se cual de estos comprar.

3. ¡Cuanto ruido hacen esos carros!

4. Tu sabrás que decirle a aquel.

5. Ignoro adonde se habrán ido aquellos niños.

6. ¿Quienes estaban en casa cuando sonó el teléfono?

7. ¡Como te atreves a preguntarme eso!

8. Yo te lo contaré todo cuando regresen tu y tu hermana.

5. Pon la diéresis donde sea necesario.

1. El guerrero nicaraguense era bilingue.

2. Guillermo bailó merengue con mucha verguenza.

3. Averigué las semejanzas entre pinguinos y cigueñas.

4. El linguista estudió la ambiguedad entre los dialectos.

5. Trabajaron con la tubería del desague hasta quedar agobiados.

6. En la antiguedad, los novios se escribían cartas halagueñas.

COLECCIÓN 2

Lazos de amistad

«Cadena rota» • Gary Soto

· ·

Vocabulario esencial

1. Escribe en los espacios en blanco el personaje que mejor corresponde a cada una de las descripciones.

Personajes: Alfonso, Ernesto, Sandra, la madre de Alfonso, el padre de Alfonso

_____ **I.** Admira al guerrero azteca en el calendario que está colgado en «La Plaza».

_____ **2.** Alfonso le pregunta si pueden ponerle frenos y esta persona le dice que no.

_____ **3.** Cuando vio a Alfonso con el pelo mochado, pensó que algo le había pasado.

_____ **4.** Lleva una cola de caballo y tiene los dientes derechos.

_____ **5.** Le quitó la cadena a la bici para limpiarla del aceite terroso.

_____ **6.** Es un egoísta por no prestarle su bici.

2. Completa las oraciones con la palabra que falta. Cambia la forma de la palabra si es necesario.

Palabras para escoger			
acompañar	reja	peinado	enfrentarse
ponchado	enterarse	chueco	descomponerse

I. Mi hermana tiene el pelo muy largo y quiere hacerse un _____ especial para la fiesta.

2. Los vecinos quieren poner una _____ alrededor del jardín.

3. Sandra, ¿me puedes _____ al supermercado? No quiero ir sola.

4. Tenemos que colgar la ropa afuera porque la secadora _____.

5. Yo _____ que no pudiste venir anoche porque tu carro tenía una llanta _____.

6. Tomasito tiene la corbata _____. Por favor, acomódasela.

7. En la película, los dos rivales _____ y se pelearon hasta que uno huyó.

«Cadena rota»

Comprensión del texto

3. En la siguiente hoja de papel escribe por lo menos cinco palabras o frases que describan la personalidad de Alfonso y Ernesto.

○	Alfonso	Ernesto
○		

Análisis del texto

4. Contesta las siguientes preguntas con oraciones completas.

I. Describe el conflicto entre Alfonso y Ernesto. ¿Qué rasgos de su personalidad entran en conflicto?

_____

_____

2. ¿Qué efecto tiene la cadena rota en la resolución del conflicto? ¿Qué revela este episodio sobre la relación entre los hermanos?

_____

_____

«Naranjas» • Gary Soto

Vocabulario esencial

1. Busca la definición que corresponde a cada una de las palabras.

_____ 1. mostrador	**a.** formación en línea recta
_____ 2. porche	**b.** asientos escalonados, como los que hay en los estadios
_____ 3. aliento	**c.** tablero en que se despachan las mercancías a los compradores
_____ 4. gradería	**d.** respiración, aire que se respira
_____ 5. mercancía	**e.** cualquier cosa que se puede comprar o vender
_____ 6. hilera	**f.** espacio exterior cubierto que tiene una casa
_____ 7. solar	**g.** terreno que está sin edificar

2. Busca en un diccionario un sinónimo para cada una de las siguientes palabras. Luego escribe una oración original usando la palabra del **Vocabulario esencial.**

MODELO   hilera
         Sinónimo: **fila**
         Oración: **Hay una hilera de espectadores fuera del estadio.**

1. solar   Sinónimo: _____

Oración: _____

2. agrietarse   Sinónimo: _____

Oración: _____

3. ajustarse   Sinónimo: _____

Oración: _____

4. silbar   Sinónimo: _____

Oración: _____

5. sostener   Sinónimo: _____

Oración: _____

6. mercancía   Sinónimo: _____

Oración: _____

COLECCIÓN 2 • LECTURA

«Naranjas»

Comprensión del texto

3. En el siguiente círculo, escribe por lo menos dos palabras o expresiones de «Naranjas» que se relacionen con cada uno de los cinco sentidos.

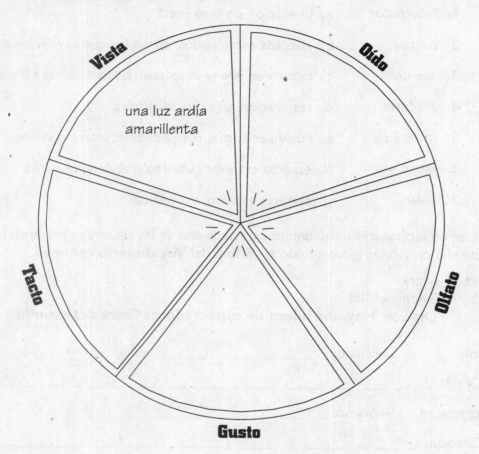

una luz ardía
amarillenta

Vista · Oído · Olfato · Gusto · Tacto

Análisis del texto

4. Contesta las siguientes preguntas con oraciones completas.

1. ¿Cuál de los cinco sentidos es el que más se estimula en este poema? En tu opinión, ¿cómo ayuda este sentido a recrear el recuerdo del narrador?

_____

_____

2. ¿A qué se refiere la palabra «fuego» al final de «Naranjas»? ¿Cómo se podría interpretar esta imagen?

_____

_____

«Una carta a Dios» • Gregorio López y Fuentes

Vocabulario esencial

1. Escribe en los espacios en blanco la palabra o frase que mejor completa las oraciones.

1. La tierra estaba muy seca; lo que necesitaba era _____.
   - **a.** una tempestad
   - **b.** una sequía
   - **c.** un fuerte aguacero

2. Lencho estaba seguro que iba a llover porque había examinado el cielo por la mañana y tenía _____ en su predicción.
   - **a.** confianza
   - **b.** esperanza
   - **c.** lamentación

3. Empezó a soplar un viento muy fuerte y comenzaron a caer _____ muy grandes.
   - **a.** perlas
   - **b.** granizos
   - **c.** monedas de plata

4. Lencho _____ mucho al ver el maíz destruido y el frijol sin ninguna flor.
   - **a.** se alegró
   - **b.** se animó
   - **c.** se afligió

5. Durante la noche, Lencho se dio cuenta que tenía sólo una _____: la ayuda de Dios.
   - **a.** esperanza
   - **b.** conciencia
   - **c.** determinación

6. En una carta, Lencho le pidió cien pesos a Dios para pagar los gastos mientras esperaba la nueva _____.
   - **a.** huerta
   - **b.** obra
   - **c.** cosecha

7. El jefe de la oficina de correos admiraba la _____ del hombre que le escribió la carta a Dios.
   - **a.** conciencia
   - **b.** fe
   - **c.** determinación

8. El jefe tuvo la _____ de juntar dinero para mandárselo al autor de la carta.
   - **a.** determinación
   - **b.** precaución
   - **c.** declaración

9. Fue _____ de caridad mandarle a Lencho un poco más de la mitad de los cien pesos.
   - **a.** una reacción
   - **b.** una obra
   - **c.** un insulto

10. Cuando Lencho contó el dinero que le había mandado «Dios», _____.
    - **a.** se mortificó
    - **b.** se enfadó
    - **c.** se alegró

11. En la segunda carta a Dios, Lencho le dijo que los empleados de la oficina de correos eran _____.
    - **a.** unos ladrones
    - **b.** muy generosos
    - **c.** unos entrometidos

«Una carta a Dios»

Comprensión del texto

2. Piensa en seis momentos claves del relato. En los siguientes cuadros usa palabras o dibujos para contar lo que pasó.

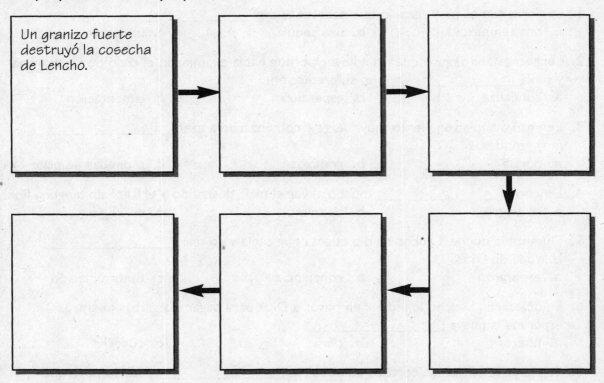

Un granizo fuerte destruyó la cosecha de Lencho.

Análisis del texto

3. Contesta las siguientes preguntas con oraciones completas.

I. ¿Qué característica de la personalidad de Lencho lo hace pensar que los empleados son ladrones?

_____

_____

2. ¿Te parece sorprendente el final del cuento? ¿Por qué crees que el autor termina el cuento de esa manera?

_____

_____

_____

_____

A leer por tu cuenta

«La muralla» • Nicolás Guillén

Crea significados

COLECCIÓN 2 • LECTURA

Repaso del texto

a. Según Guillén, ¿qué es lo que se necesita hacer para construir la muralla?

_____

b. ¿Qué tan larga tiene que ser la muralla?

_____

c. ¿Cuál es la pregunta que se repite por todo el poema?

_____

Primeras impresiones

1. En tu opinión, ¿cuál es la palabra o verso más importante del poema? ¿Por qué?

_____

_____

Interpretaciones del texto

2. Onomatopeya es el uso de palabras cuyos sonidos imitan o sugieren su significado. En «La muralla», ¿qué palabras imitan un sonido? ¿Qué sonido imitan?

_____

3. ¿Qué ideas o impresiones de la sociedad quiere comunicar Guillén en su poema?

_____

Más allá del texto

4. ¿Cuáles son las diferencias entre la muralla de Guillén y cualquier otra muralla?

_____

_____

5. Si tuvieras que construir una muralla simbólica, ¿qué materiales usarías para construirla? ¿Por qué?

_____

«La muralla»

Vocabulario en contexto

1. Busca la definición que corresponde a cada una de las palabras.

_____ **1.** alacrán   **a.** fortificación permanente que rodea un territorio o una ciudad

_____ **2.** puñal   **b.** una especie de espada

_____ **3.** muralla   **c.** cuchillo

_____ **4.** alzar   **d.** escorpión

_____ **5.** sable   **e.** levantar, edificar

2. Escribe un cuento de ocho oraciones usando todas las palabras del cuadro. Usa tu imaginación.

Palabras para escoger				
alacrán	alzar	muralla	puñal	sable

Érase una vez, _____

_____

_____

_____

_____

_____

_____

_____

_____

_____

_____

_____

_____

_____

_____

_____

COLECCIÓN 2 • LECTURA

«La muralla»

Comprensión del texto

3. Siguiendo el modelo, decide si cada elemento tiene una connotación negativa o positiva. Luego escribe dos o tres características o imágenes que asocias con ese elemento.

Palabra	Connotación	Asociaciones
rosa y clavel	positiva	amor, belleza, vida
1. sable del coronel		
2. paloma y laurel		
3. alacrán y ciempiés		
4. corazón del amigo		
5. veneno y puñal		
6. mirto y yerbabuena		
7. diente de la serpiente		
8. ruiseñor en la flor		

Análisis del texto

4. Contesta las siguientes preguntas con oraciones completas.

1. ¿Qué tienen en común los elementos que pasan por la muralla? ¿y los que no pueden pasar?

_____

_____

2. ¿Cuál es el tema del poema? ¿Cómo contribuyen las imágenes al tema?

_____

_____

Vocabulario esencial

1. Busca la definición que corresponde a cada una de las palabras de «Cadena rota».

_____ 1. decepcionar

_____ 2. tacaño

_____ 3. enfrentarse

_____ 4. mochado

_____ 5. frenos

_____ 6. desatorar

a. aparato ortodontológico que se usa para enderezar los dientes

b. desatascar, descolgar, despejar, librar

c. desilusionar; dejar sin cumplir lo prometido

d. hacerle frente a la situación

e. avaro, que guarda en exceso sus propiedades o dinero

f. cortado

2. Escoge la letra del significado que mejor define a cada una de las palabras subrayadas de «Cadena rota».

_____ 1. Debido a la supuesta desaprobación de su padre, no se había atrevido a <u>teñirse</u> el pelo.
  a. afeitarse **b.** colorarse **c.** dejar crecer

_____ 2. Alfonso <u>fingió</u> no haber escuchado el comentario de su papá sobre el recorte de pelo.
  a. hizo creer **b.** se esmeró **c.** se esforzó

_____ 3. Usaba el <u>pulgar</u> para tratar de enderezar sus dientes chuecos.
  a. aparato compuesto de goma **b.** dedo gordo de la mano **c.** pañuelo de algodón

_____ 4. Ernesto <u>titubeó</u> por temor a la reacción de Alfonso al decirle que las muchachas los habían dejado plantados.
  a. habló sin parar **b.** ocultó lo que sentía **c.** habló deteniéndose, con inseguridad

_____ 5. Aunque siguió <u>fastidiando</u> a Ernesto por buen rato, su hermano no le prestó la bicicleta.
  a. insistiendo hasta molestar **b.** convenciendo con lógica **c.** ofreciendo incentivos

_____ 6. Los hermanos se hicieron <u>muecas</u> durante la misa porque estaban riñendo por la chica.
  a. gestos manuales **b.** gestos del rostro **c.** risa irónica o burlona

_____ 7. Como seguían molestos, los hermanos anduvieron todo el <u>trayecto</u> en silencio.
  a. rumbo **b.** camino sin pavimentar **c.** camino que se recorre

_____ 8. El gorrión respondió al grito de Alfonso con un gorjeo <u>agudo</u>.
  a. poco convincente **b.** inadecuado **c.** alto y penetrante al oído

Nuevas vistas Curso avanzado 2

COLECCIÓN 2 • VOCABULARIO

Vocabulario esencial

3. Completa las oraciones con la palabra que falta, usando el vocabulario de «Naranjas». Cambia la forma de la palabra si es necesario.

Palabras para escoger					
aliento	porche	solar	silbar	hilera	gradería

1. Nos sentamos a tomar el fresco en las mecedoras del _____.

2. Desde la parte más alta de la _____ se podía ver mejor el partido de fútbol.

3. Los niños del vecindario jugaban en el _____, ya que no había parque.

4. Quedé sin _____ después de subir al apartamento del quinto piso.

5. Mis hermanos _____ todo tipo de melodía pero yo nunca pude aprender a hacerlo.

6. Los alumnos se formaron en _____ para entrar a la cafetería.

4. Escribe en los espacios en blanco el sinónimo del cuadro que mejor corresponde a las palabras subrayadas. Cambia la forma de la palabra si es necesario.

Palabras para escoger			
mortificado	conciencia	determinación	aguacero
afligirse	confianza	enfadarse	cosecha

_____ 1. Sin demora, Jorge tomó la <u>decisión</u> de salir en busca del niño perdido.

_____ 2. Al saber que su casa había sido destruida por la tormenta, <u>se apenaron</u>.

_____ 3. ¿Te acuerdas de <u>la lluvia intensa</u> que causó tanta destrucción por la costa?

_____ 4. El perro se sentía <u>irritado</u> por las picadas de las pulgas.

_____ 5. Casi todas las culturas tienen una celebración de la <u>recolección de los frutos</u> del año.

_____ 6. Adela tenía la <u>certidumbre</u> de que su esposo regresaría sano de la guerra.

_____ 7. El jurado tuvo que deliberar con <u>ética</u> antes de emitir un veredicto.

_____ 8. Espero que no <u>te enojes</u> cuando te cuente lo que pasó con tu anillo.

Vocabulario esencial

● ●

5. Escribe oraciones originales usando las siguientes palabras o expresiones de «Cadena rota».

1. cola de caballo

_____

2. rasurado

_____

3. reacomodar

_____

4. sentadillas

_____

5. estrellarse

_____

6. trastos

_____

Mejora tu vocabulario

6. Busca la definición que corresponde a cada una de las palabras.

_____ **1.** argumento	**a.** llevar a cabo una acción
_____ **2.** casillero	**b.** realmente, efectivamente
_____ **3.** realizar	**c.** sucesos que ocurren en un cuento, un drama o una novela
_____ **4.** soportar	**d.** cuidar de o prestar atención a una persona
_____ **5.** en realidad	**e.** dedicación e interés con que se hace alguna cosa
_____ **6.** atender	**f.** estante cerrado o abierto dividido en compartimientos que se usa para guardar libros, prendas de vestir u otras cosas
_____ **7.** evidente	**g.** llevar sobre sí una carga o peso; aguantar
_____ **8.** aplicación	**h.** cierto, claro, sin duda

COLECCIÓN 2 • VOCABULARIO

Vocabulario esencial

7. Escribe en los espacios en blanco la palabra del español oficial del cuadro que mejor corresponde a las palabras subrayadas.

Palabras para escoger					
biblioteca	darse cuenta	solicitud	dar sustento	tela	calificación

_____ 1. La tía fue al almacén por <u>fábrica</u> roja para hacer un mantel.

_____ 2. Debes llevar la <u>aplicación</u> y tres referencias cuando vayas a la entrevista.

_____ 3. ¿Qué <u>grado</u> te dio el profesor en el examen final?

_____ 4. Era un esfuerzo muy grande para la madre <u>soportar</u> a sus bebés trillizos.

_____ 5. Como no tengo enciclopedia, pienso ir a la <u>librería</u> para hacer el trabajo.

_____ 6. Aunque antes no lo quiso creer, por fin tuvo que <u>realizar</u> que Sonia no lo quería.

8. Completa las oraciones con la palabra o expresión que falta. Cambia la forma de la palabra o frase si es necesario.

Palabras para escoger					
discusión	casillero	evidente	actualmente	tener sentido	corresponder

1. A mí no me _____ tomar esa decisión.

2. Llegué tarde a clase por ir a buscar un libro del _____.

3. El programa de nutrición es de urgencia porque _____ hay mucha gente que se está muriendo de hambre.

4. _____ que compren la casa ahora porque la tasa de interés está baja.

5. Anoche tuve una _____ con mi hermano porque él no quería prestarme su carro.

6. Aunque ella no tiene acento, es _____ que no es de aquí.

COLECCIÓN 2 · VOCABULARIO

Gramática

. . . .

El adjetivo

1. Escribe la forma correcta de los adjetivos en la mejor posición.

1. En _____ ciudades _____, los _____

   teléfonos _____ funcionan con tarjetas. (ambos, público)

2. Sólo un _____ porcentaje _____ de la población tiene

   _____ antepasados _____. (pequeño, francés)

3. La _____ mayoría _____ de la gente vive en

   _____ apartamentos _____. (grande, antiguo)

4. _____ estudiantes _____ todavía no han leído la

   _____ lectura _____. (cierto, primero)

5. Las _____ estrellas _____ de cine vienen a disfrutar de la

   _____ nieve _____ en _____ invierno

   _____. (famoso, blanco, pleno)

6. El _____ embajador _____ es la _____

   persona _____ del pueblo que tiene su _____ avión

   _____. (ruso, único, propio)

2. Escribe oraciones usando los adjetivos según el contexto dado.

1. nuevo (no usado)

   _____

2. pobre (infeliz, desdichado)

   _____

3. alto (de gran estatura)

   _____

4. grande (importante o poderoso)

   _____

5. viejo (conocerse desde hace años)

   _____

Gramática

3. Completa el párrafo con los adjetivos determinativos del cuadro.

Palabras para escoger							
ambos	esas	este	la	los	otras	segunda	un
aquella	esta	el	las	otro	primer	sus	

> Bienvenidos a México y a Chichén Itzá. Yo soy Felipe, **1.** _____
>
> guía de **2.** _____ excursión. El **3.** _____ edificio que vamos a
>
> ver es **4.** _____ famosa pirámide «El Castillo». **5.** _____ edifi-
>
> cio fue construido en el año 800 d.C. ¿Pueden ver **6.** _____ cabezas de
>
> la serpiente allá abajo? **7.** _____ estructuras representan al dios maya
>
> Kukulcán. Algunos piensan que **8.** _____ mayas practicaban el sacrifi-
>
> cio humano para alabar a **9.** _____ dioses. Chac Mool era
>
> **10.** _____ dios maya importante. Figuras de **11.** _____ dioses
>
> decoran **12.** _____ estructura que ven a la distancia, la cual se llama el
>
> «Templo de los guerreros». En la **13.** _____ parte de la excursión, vere-
>
> mos **14.** _____ observatorio y **15.** _____ ruinas interesantes.

El adverbio

4. En cada oración identifica el adverbio y subráyalo. Luego en el espacio en blanco, indica si es un adverbio espacial, temporal, de modo o de cantidad.

1. Alicia se levantó temprano. _____

2. Se comió una manzana y se vistió deprisa._____

3. La competencia parecía estar muy reñida. _____

4. No se veían las ciclistas fácilmente. _____

5. Todos esperábamos ansiosamente el momento en que alguien cruzara la línea final.

_____

Gramática

5. Completa las oraciones con los adverbios correspondientes a los adjetivos que están entre paréntesis.

1. Armando llamó _____ (insistente) para saber quién había ganado el partido.

2. El avión llega _____ (aproximado) a las ocho de la noche.

3. Doña Amparo caminó _____ y _____ (lento, cuidadoso) hacia el parque.

4. Nos preguntaron _____ (amable) si deseábamos algo para tomar.

5. El águila voló _____ y _____ (ágil, veloz).

6. Javiercito habló _____ (tímido).

7. Alicia ganó _____ (definitivo) el premio.

8. El bebé se durmió _____ (inmediato).

9. Pedro comió _____ y _____ (rápido, gustoso).

6. Completa las oraciones con un adverbio adecuado. Luego, subraya la palabra a la que modifica cada adverbio.

Palabras para escoger				
ahora	muy	rotunda	francamente	largamente
tarde	delante	finalmente	incesantemente	

MODELO   Roberto nos dijo que <u>llegaría</u> a tiempo.

1. Mis primos llamaron _____ temprano.

2. Nos avisaron que el concierto empezaría _____.

3. Querían que nosotros fuéramos a la playa _____.

4. Yo les dije _____ que no podíamos.

5. Ellos insistieron _____ y _____.

6. _____ quedamos en ir a la playa.

7. Mis primos iban a esperarnos _____ del puerto.

8. Cuando llegamos, llovía _____.

Nuevas vistas Curso avanzado 2

Gramática

El comparativo

7. Completa el mensaje electrónico con los comparativos del cuadro.

Palabras para escoger				
tantas	que	más	tantos	de lo que
como	de	tan	de las que	de los que

Redactar   Borrar   Elija carpeta   Reenviar   Responder   Responder a todos   Internet

Hola, Mayra,

Seleccionar una universidad es más difícil **1.** _____ me imaginaba.

Estoy tan confuso **2.** _____ lo estabas tú hace un año, así que te

escribo para ver si me puedes ayudar a tomar una decisión. La USC es

3. _____ buena como la UNAC pero no ofrece

4. _____ cursos. Sin embargo, la USC tiene menos

5. _____ 5.000 estudiantes, y puesto que es

6. _____ pequeña que la UNAC, los estudiantes reciben mucha aten-

ción. Tal vez la UNAC tenga más oportunidades **7.** _____ pueda

imaginarme. De seguro, su laboratorio de computación es más moderno

8. _____ el de la USC. Por otro lado, la USC tiene más estudiantes

extranjeros **9.** _____ tienen las otras universidades. ¡Cada

universidad tiene **10.** _____ ventajas como desventajas! ¿Qué me

aconsejas, Mayra?

8. Completa las oraciones con **del/de la/de lo/de los/de las + que.**

1. Montar a caballo es más divertido _____ creía.

2. Vinieron más personas _____ se esperaban.

3. Cayó menos nieve _____ habían pronosticado.

4. Hernán tiene más orgullo _____ debería tener.

5. Elisa tiene más amigos _____ tenía el año pasado.

6. Pienso que será más difícil _____ te imaginas.

COLECCIÓN 2 · GRAMÁTICA

Gramática

9. Escribe comparaciones según la información dada.

1. Felipe habla dos idiomas. Silvia habla tres idiomas.

   _____

2. La tía Matilde toca muy bien el piano. El tío Enrique también toca muy bien el piano.

   _____

3. El río Paraná mide 3.282 kilómetros. El río Colorado mide 853 kilómetros.

   _____

4. Invitamos a doce personas a cenar. Sólo ocho personas llegaron al restaurante.

   _____

5. Costa Rica tiene aproximadamente 3.800.000 habitantes. Puerto Rico también tiene aproximadamente 3.800.000.

   _____

6. Necesitamos mil dólares. Sólo tenemos quinientos dólares.

   _____

10. Escribe comparaciones sobre los siguientes temas, usando distintas frases comparativas en tus oraciones.

MODELO cursos difíciles
La química es tan difícil como la física.

1. películas buenas

   _____

2. deportes acuáticos

   _____

3. carros lujosos

   _____

4. pasatiempos

   _____

5. cantantes populares

   _____

Comparación y contraste

Los diminutivos y aumentativos en español

11. Completa las oraciones con la frase que tenga el significado de la expresión entre paréntesis.

I. Acampamos cerca de una (pequeña villa/miserable villa). **(villita)**

2. Nunca he visto un (pájaro pequeño/pájaro insignificante) como ése. **(pajarillo)**

3. Ese hombre es un (médico pequeño/médico de poca estimación) que sólo sabe aprovecharse de la gente pobre. **(medicucho)**

4. Paco se siente (muy enfermo/un poco enfermo). **(maluco)**

5. A Marco le dio un (dolor agudo/dolor grande) en la rodilla. **(dolorzazo)**

12. Traduce las oraciones al inglés.

I. Había muchos pececillos en el arroyuelo.

_____

2. Pablito metió un golazo.

_____

3. Era orejón y tenía una cabeza grandota.

_____

4. Aunque vive en una casucha, conduce un carrazo.

_____

13. Escribe oraciones usando las siguientes palabras.

I. chiquillo _____

2. casona _____

3. cabezazo _____

4. ahorita _____

5. despacito _____

Ortografía

Letra y sonido

1. Pronuncia cada palabra en voz alta y escribe **/r/** si lleva el sonido simple o **/rr/** si lleva el sonido múltiple.

1. perro	_____	**7.** muralla	_____
2. fuerte	_____	**8.** río	_____
3. caminar	_____	**9.** encierro	_____
4. rápido	_____	**10.** hombre	_____
5. honradez	_____	**11.** susurro	_____
6. graciosa	_____	**12.** arde	_____

2. Completa las oraciones con **r** o **rr**.

1. Mi amiga por co___espondencia vive ce___ca de la Sie___a Madre.

2. Su pe___a acaba de tener t___es cacho___os.

3. Son de raza pu___a, color ama___illo y muy amo___osos.

4. Vendió al más t___anquilo a su vecino de a___iba.

5. Aho___a le queda la pa___eja.

6. Son te___ibles así que sólo los deja jugar en la te___aza.

7. Se le ocu___ió ponerles los nombres: Te___emoto y Hu___acán.

3. Completa las palabras con **ll** o **y**.

1. bue___es		**7.** barqui___o
2. o___eron		**8.** ___erno
3. faroli___o		**9.** tra___ectoria
4. marti___o		**10.** in___ección
5. fo___eto		**11.** cue___o
6. va___an		**12.** deta___es

Ortografía

4. Completa el párrafo con **ll** o **y**.

Una versión venezolana de la **1.** le___enda de la **2.** ___orona dice así: Había una mujer que vivía con su familia en los **3.** ___anos **4.** crio___os. En una de las guerras de independencia del país, **5.** e___a y sus hijos **6.** hu___eron hacia los montes y su esposo se quedó recogiendo el ganado. **7.** ___egaron los enemigos y **8.** destru___eron todo. La mujer quedó viva pero se volvió loca. Se dice que vagaba de pueblo en pueblo **9.** so___ozando por su esposo y sus hijos que habían **10.** fa___ecido.

5. Completa las oraciones con la palabra correcta.

1. Alicia se (calló/cayó) de la escalera y se lastimó el tobillo.

2. Daniel canta con el (coro/corro) de la escuela.

3. No lo compré porque era demasiado (caro/carro).

4. Joaquín no (halla/haya) su guante de béisbol.

5. El (cero/cerro) casi siempre amanece cubierto de neblina.

6. No podemos jugar al tenis sin una (malla/maya).

La acentuación

6. Primero pronuncia las siguientes palabras en voz alta y divídelas en sílabas. Luego escribe **A** si la palabra es aguda, **E** si es esdrújula, **Ll** si es llana o **S** si es sobresdrújula.

_____ **1.** después   _____

_____ **2.** párrafo   _____

_____ **3.** orquesta   _____

_____ **4.** trampolín   _____

_____ **5.** fácil   _____

_____ **6.** ortográficamente   _____

_____ **7.** primero   _____

_____ **8.** británico   _____

COLECCIÓN 2 • ORTOGRAFÍA

Ortografía

7. Pon un acento escrito en las palabras que lo necesiten.

1. solamente
2. facilmente
3. dieciseis
4. tecnico
5. hispanoamericano
6. jamon

7. necesidad
8. hablaramos
9. recuerdense
10. eleccion
11. biceps
12. caracter

8. Escribe las oraciones de nuevo, corrigiendo los errores de acentuación.

1. La jóven se acerco al crater del volcan.

_____

2. Ayer halle un barríl lleno de azucar.

_____

3. Digale que regresare el proximo sabádo.

_____

4. No sabemos sí ir en autómovil o en autobus.

_____

5. El vuelo aereo partira hacía Péru.

_____

6. Jamas escucharán esa musica clasica.

_____

7. Pidele que escríba el exámen con boligrafo.

_____

8. Entónces para tí, el frances no es tan dificíl.

_____

El frágil medio ambiente

de «La fiesta del árbol» • Gabriela Mistral

Vocabulario esencial

1. Completa el crucigrama usando el **Vocabulario esencial** de «La fiesta del árbol».

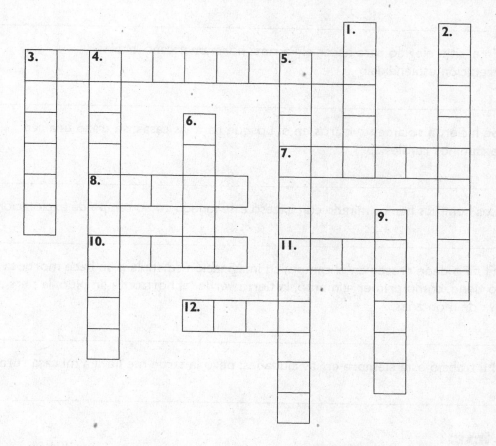

Verticales
1. cuidar mucho de algo o alguien
2. quitar, despojar a alguien de lo que posee
3. provenir, venir, salir, surgir
4. las plantas de una región
5. introspección, acción de concentrarse en sí mismo
6. levantar, edificar
9. perteneciente o relativo a las fábricas

Horizontales
3. llenarse de veneno; amargarse
7. trabajador manual
8. delineó o diseñó
10. espacio despejado de árboles en un bosque
11. agrupación numerosa de personas o cosas
12. ciudad grande y populosa

de «La fiesta del árbol»

. . . .

Comprensión del texto

2. Lee las siguientes oraciones del ensayo «La fiesta del árbol» y escribe **H** si la oración es un **hecho** u **O** si es una **opinión.** Luego explica por qué la oración es un hecho o una opinión.

_____ **1.** «Vi a mi paso por Panamá algo que yo había soñado muchas veces: lo que sería la ciudad ideal.»

_____

_____ **2.** «En el sitio elegido para hacer el Panamá norteamericano, había vegetación espléndida.»

_____

_____ **3.** «Se hicieron solamente claros en el bosque para las casas; se trazó una red de caminos rurales,...»

_____

_____ **4.** «Los hombres hemos mirado con exceso este mundo como campo de explotación.»

_____

_____ **5.** «El niño debe crecer en el campo; su imaginación se anula o se hace morbosa si no tiene, como primer alimento, la tierra verde, el horizonte límpido, la perspectiva de montañas.»

_____

_____ **6.** «Mi trabajo está siempre en las ciudades; pero la tarde me lleva a mi casa rural.»

_____

Análisis del texto

3. Contesta las siguientes preguntas con oraciones completas.

1. En el ensayo de Gabriela Mistral, ¿predominan los hechos o las opiniones? ¿Crees que es un ensayo persuasivo? ¿Por qué sí o por qué no?

_____

_____

2. Teniendo en cuenta el punto de vista de la escritora, ¿cómo se relaciona el título de este ensayo con el título de la colección, «El frágil medio ambiente»?

_____

_____

«Árbol adentro» • Octavio Paz; «Paisaje» • Federico García Lorca; «Meciendo» • Gabriela Mistral

Vocabulario esencial

1. Encierra en un círculo la palabra que no pertenece a cada uno de los siguientes grupos y explica por qué. Consulta un diccionario si es necesario.

1. confuso	claro	desconcertado	despistado
2. follaje	hojas	árboles	piedras
3. lumbre	luz	rama	fuego
4. abanico	aire	instrumento	calentar
5. hundido	emerger	sumergido	debajo
6. lucero	estrella	brillo	oscuro
7. penumbra	sombra	radiante	oscuridad
8. rizarse	alisarse	ondularse	ola
9. sombrío	luminoso	triste	oscuro
10. errabundo	vagabundo	sedentario	errante
11. mecer	acunar	arrullar	agarrar

COLECCIÓN 3 • LECTURA

«Árbol adentro», «Paisaje» y «Meciendo»

Comprensión del texto

2. Completa el cuadro con un ejemplo de uno de los tres poemas «Árbol adentro», «Paisaje» o «Meciendo» que corresponda a los siguientes elementos literarios.

Definiciones	Ejemplos de «Árbol adentro», «Paisaje» o «Meciendo»
Hiperbatón: Una inversión del orden normal y lógico del lenguaje para conseguir un efecto especial.	
Hipérbole: Una exageración que logra un efecto especial.	
Metáfora: Una comparación entre dos cosas por medio de la cual una cosa se identifica con otra.	
Símil: Una comparación entre dos cosas mediante el uso de las palabras «como», «igual que», «más que» o «parecido».	
Personificación: El dar características o sentimientos humanos a un animal o a un objeto.	

Análisis del texto

3. En tu opinión, ¿qué característica de la naturaleza inspiró a cada uno de estos tres poetas a escribir poesía? ¿Por qué crees que la naturaleza en general ha sido siempre fuente de inspiración de la poesía?

_____

_____

_____

_____

_____

COLECCIÓN 3 • LECTURA

«Las abejas de bronce» • Marco Denevi

Vocabulario esencial

1. Busca la definición que corresponde a cada una de las palabras.

_____ **1.** ademán

_____ **2.** balbucear

_____ **3.** proporcionar

_____ **4.** rebatir

_____ **5.** atónito

_____ **6.** ufano

_____ **7.** perjuicio

_____ **8.** analfabeto

a. asombrado a causa de un evento extraordinario

b. hablar con dificultad

c. que no sabe leer ni escribir

d. gesto

e. dar

f. orgulloso, satisfecho, contento

g. refutar, rechazar las razones que dan otros

h. daño, pérdida

2. Escribe en los espacios en blanco la palabra del cuadro que mejor corresponde a las palabras subrayadas. Cambia la forma de la palabra si es necesario.

Palabras para escoger				
extraviarse	vocación	devastado	tribulación	sorber
fallecer	palanca	rudeza	alimentarse	aborrecer

_____ **1.** La gran aficíon del Zorro era la venta de miel.

_____ **2.** La falta de cortesía del Oso les molestaba a todos menos al Zorro.

_____ **3.** Las abejas de bronce no se nutrían de la miel como las Abejas naturales.

_____ **4.** Las abejas de bronce bebían el néctar de las flores rápidamente.

_____ **5.** Las abejas artificiales no se desorientaban.

_____ **6.** El Zorro sólo tenía que mover una manecilla para mandar a las abejas de bronce a trabajar.

_____ **7.** El Cuervo odiaba la miel.

_____ **8.** Un Pájaro murió después de haberse tragado una abeja de bronce.

_____ **9.** Las preocupaciones del Zorro crecían día tras día.

_____ **10.** Todas las flores del país habían sido destruidas por las abejas de bronce.

COLECCIÓN 3 • LECTURA

«Las abejas de bronce»

Comprensión del texto

3. Completa el cuadro con citas de la lectura que describan a cada animal de «Las abejas de bronce». Luego identifica el tipo de caracterización que ha utilizado el autor en la cita que escogiste.

a. Caracterización directa: El autor le cuenta directamente al lector cómo es un personaje.

b. Caracterización indirecta: El autor muestra al personaje en acción.

c. Caracterización indirecta: El autor utiliza las palabras del personaje en el diálogo.

d. Caracterización indirecta: El autor describe la apariencia física del personaje.

e. Caracterización indirecta: El autor revela pensamientos y sentimientos del personaje.

f. Caracterización indirecta: El autor muestra las reacciones de otras personas hacia el personaje.

Animal	Cita	Tipo de caracterización
El Zorro		
El Oso		
Las Abejas naturales		
Las abejas de bronce		
El Cuervo		

Análisis del texto

4. Contesta las siguientes preguntas con oraciones completas.

1. ¿Quién es el culpable de la destrucción de la naturaleza: las abejas de bronce o el Zorro? ¿Qué rasgo de su personalidad causó este desenlace?

_____

_____

2. ¿Qué representan el Zorro y las abejas de bronce en la sociedad moderna?

_____

_____

A leer por tu cuenta

«Dicen que no hablan las plantas» • Rosalía de Castro

Crea significados

Repaso del texto

a. ¿A quiénes se refiere el «dicen» del poema? ¿Qué dicen?

_____

_____

b. ¿Está de acuerdo la narradora con lo que se dice? ¿Por qué?

_____

c. ¿Es joven la narradora? ¿Cómo lo sabes?

_____

d. ¿Con qué sueña la narradora? ¿Qué le pide a la naturaleza?

_____

_____

Primeras impresiones

1. Después de leer el poema, escribe dos preguntas que te gustaría hacerle a la narradora.

_____

_____

Interpretaciones del texto

2. ¿Qué representan las canas? ¿y la escarcha?

_____

_____

3. ¿Crees que la narradora le tiene miedo a la vejez? ¿Qué es lo que le da consuelo?

_____

_____

COLECCIÓN 3 • LECTURA

«Dicen que no hablan las plantas»

Conexiones con el texto

4. La narradora tiene una relación especial con la naturaleza. ¿Sientes tú una conexión con la naturaleza? ¿Cómo la describirías?

_____

_____

Preguntas al texto

5. ¿Cómo describirías la forma de vida de la narradora? ¿Es una persona triste o alegre?

_____

_____

_____

Más allá del texto

6. ¿Qué piensas acerca de la vejez? ¿Cuáles son algunas de las ventajas y desventajas de esa etapa de la vida?

_____

_____

_____

Vocabulario en contexto

1. Busca la definición que corresponde a cada una de las palabras.

_____ 1. sonámbulo   **a.** helado; rígido por el frío, el miedo u otro sentimiento

_____ 2. abrasarse   **b.** seguir en un mismo estado o actitud

_____ 3. escarcha   **c.** que anda o hace cosas mientras duerme

_____ 4. aterido   **d.** perpetuo, que dura indefinidamente

_____ 5. perenne   **e.** con canas; blanco

_____ 6. agostarse   **f.** quemarse

_____ 7. proseguir   **g.** secarse las plantas con el excesivo calor o frío

_____ 8. cano   **h.** capa de hielo que se forma en las madrugadas de invierno

COLECCIÓN 3 • LECTURA

«Dicen que no hablan las plantas»

Comprensión del texto

2. Completa el cuadro con ejemplos de la lectura que correspondan a los siguientes elementos literarios.

Definiciones	Ejemplos de «Dicen que no hablan las plantas»
Aliteración: La repetición de sonidos similares en un grupo de palabras.	
Paralelismo: La repetición de palabras o de ideas que son similares en la estructura, en el significado o en el sonido.	
Personificación: El dar características o sentimientos humanos a un animal o a un objeto.	
Rima asonante: La repetición de sonidos vocálicos al final de dos o más versos.	

Análisis del texto

3. Contesta las siguientes preguntas con oraciones completas.

1. ¿Por qué crees que la narradora insiste en contradecir lo que los otros dicen de la naturaleza?

_____

_____

2. En tu opinión, ¿por qué le da ella tanta importancia a sus sueños?

_____

_____

COLECCIÓN 3 · LECTURA

Vocabulario esencial

1. Busca la definición que corresponde a cada una de las palabras de «La fiesta del árbol», «Paisaje» y «Meciendo».

_____ 1. desposeer

_____ 2. emanar

_____ 3. refinamiento

_____ 4. lucero

_____ 5. sombrío

_____ 6. errabundo

_____ 7. recogimiento

a. vagabundo, que va de una parte a otra

b. de poca luz, oscuro; triste

c. brillo; estrella grande y brillante

d. quitar, despojar a alguien de lo que posee

e. provenir, venir, salir, surgir

f. esmero, cuidado, perfección

g. introspección, acción de concentrarse en sí mismo

2. Escoge la letra del significado que mejor define cada una de las palabras subrayadas de «Las abejas de bronce».

_____ 1. Aunque el Oso era buen cliente, el Zorro insistió en que se le pagara el <u>perjuicio</u> que le causó al romperle la balanza.
   a. antipatía a ciertas razas   **b.** daño   **c.** acto descortés

_____ 2. Haciendo un <u>ademán</u> hacia las colmenas, el Zorro intentó provocarle miedo al Oso.
   a. comentario cortés   **b.** mueca   **c.** gesto

_____ 3. Al ver el <u>ceño</u> fruncido de las Abejas, el Oso supo que lo podían atacar.
   a. labio superior   **b.** espacio entre las cejas   **c.** pecho

_____ 4. La primera vista de las abejas de bronce dejó a los animales <u>atónitos</u>.
   a. asombrados   **b.** asustados   **c.** entusiasmados

_____ 5. La Osa no encontraba cómo <u>rebatir</u> las opiniones de sus hijos acerca de la miel.
   a. aceptar   **b.** castigar   **c.** rechazar

_____ 6. Tan <u>ufano</u> estaba el Oso de tener acceso a la miel especial que no quiso quejarse del mal sabor.
   a. orgulloso   **b.** sorprendido   **c.** confundido

_____ 7. El Cuervo era buen candidato para ayudarle al Zorro porque <u>aborrecía</u> la miel.
   a. le interesaba   **b.** odiaba   **c.** adoraba

_____ 8. Al ver la tortura que sufrió el Pájaro antes de morir, los demás <u>escarmentaron</u> y nunca más volvieron a comerse una abeja de bronce.
   a. se escondieron   **b.** se escaparon   **c.** aprendieron una lección

COLECCIÓN 3 · VOCABULARIO

Vocabulario esencial

Mejora tu vocabulario

3. Completa las oraciones con la palabra que falta. Cambia la forma de la palabra si es necesario.

Palabras para escoger				
amenazar	huracán	flecha	cadena	ráfaga

1. Según el noticiero, es posible que haya un _____ en el Caribe.

2. En cuanto mi papá abrió la puerta, entró una _____ de viento helado en la habitación.

3. El terremoto inició una _____ de desastres por toda la ciudad.

4. Durante el partido de béisbol, el árbitro _____ a uno de los jugadores con echarlo del partido si volvía a comportarse así.

5. El signo zodiacal de Sagitario lleva un arco y una _____.

4. Primero indica si las frases son metáforas, símiles o hipérboles. Luego escoge la frase que mejor corresponde a cada una de las situaciones.

a. llover a cántaros _____

b. como caído del cielo _____

c. no caber ni un alfiler _____

d. ir viento en popa _____

e. un mar de confusiones _____

f. tragárselo la tierra _____

_____ **1.** El carro estaba tan lleno de personas y cosas que yo ya no me pude subir.

_____ **2.** En la reunión había tanto desacuerdo que al final nadie sabía qué pensar.

_____ **3.** Se nos inundó el sótano por la tempestad.

_____ **4.** Desde que hicimos la campaña publicitaria, el negocio ha prosperado más que nunca.

_____ **5.** Hace seis meses que no veo a Juan y no lo he podido localizar. ¿Dónde estará?

_____ **6.** Mi tía me mandó el dinero justo cuando más lo necesitaba.

COLECCIÓN 3 · VOCABULARIO

Gramática

Los usos de *se*

1. Lee las siguientes oraciones basadas en «Las abejas de bronce» y escribe la letra que corresponde al uso de **se** en cada oración.

_____ **1.** Un día, el Oso y el Zorro <u>se</u> riñieron.

_____ **2.** <u>Se</u> lo transmitiré —le dijo a las abejas.

_____ **3.** <u>Se</u> ve que esta miel es superior.

_____ **4.** El Zorro <u>se</u> frotaba las manos.

_____ **5.** <u>Se</u> comenzó a hablar de las riquezas del Zorro.

_____ **6.** A un Pájaro <u>se</u> le metió una abeja de bronce en el buche.

_____ **7.** Las plantas <u>se</u> negaban a florecer.

_____ **8.** Cuando el Cuervo <u>se</u> lo dijo, el Zorro estaba alelado.

a. acción reflexiva

b. acción recíproca

c. sustituto del complemento indirecto **le**

d. acción inesperada o involuntaria

e. expresión impersonal

Se en acciones reflexivas y recíprocas

2. Completa las oraciones con el pronombre **se**. Si no se necesita ninguno, escribe una **X**.

1. Mateo _____ lavó el carro esta mañana, ¿verdad?

2. El señor no _____ probó el saco antes de comprarlo.

3. Mercedes _____ siente aburrida porque está sola en casa.

4. Antes de comer, _____ lavaron las manos.

5. Orlando quiere una cobija porque _____ tiene frío.

6. Ellos _____ acostaron a los niños a las nueve.

7. Nadie puede creer que Óscar y Paloma no _____ hayan casado.

8. Cuando él llegó al restaurante, _____ dio cuenta de que no tenía dinero.

9. Antes de que _____ acostaran, ellos _____ pasearon al perro.

10. Las tres nietas _____ abrazaron fuertemente a la abuela.

Gramática

3. Escribe oraciones con los siguientes pares de verbos. Asegúrate de usar el pronombre **se** con el segundo verbo. Luego explica el uso de **se** en cada caso.

MODELO · mirar/mirarse
En vez de mirar por dónde conducía, David se miraba en el espejo.
El uso de «se» es reflexivo.

1. despedir/despedirse

_____

_____

2. poner/ponerse

_____

_____

3. conocer/conocerse

_____

_____

4. hablar/hablarse

_____

_____

5. dar/darse

_____

_____

4. Describe la rutina diaria de un pariente o amigo tuyo. Usa por lo menos seis verbos reflexivos.

_____

_____

_____

_____

_____

_____

COLECCIÓN 3 · GRAMÁTICA

Gramática

· ·

Se impersonal

5. Escribe las oraciones de nuevo, usando expresiones impersonales con el pronombre **se.**

1. Los argentinos cenan a las nueve.

   _____

2. En esta clase uno trabaja mucho.

   _____

3. Aquí necesitamos una secretaria bilingüe.

   _____

4. La gente firma al final de la carta.

   _____

5. Sugieren llevar un impermeable.

   _____

6. Puedes dejar los frijoles remojando toda la mañana.

   _____

6. Explica cómo se hacen las siguientes cosas usando el pronombre **se.**

   MODELO   ¿Cómo se hace limonada?
   Primero, se exprime el jugo de varios limones. Después, se añade agua y azúcar y, por último, se mezcla todo.

1. ¿Cómo se envía una carta por correo?

   _____

2. ¿Cómo se llega a tu casa de la escuela?

   _____

   _____

3. ¿Cómo se prepara tu sándwich favorito?

   _____

   _____

Gramática

Se en acciones inesperadas o involuntarias

7. Combina los elementos para formar oraciones que expresen acciones inesperadas o involuntarias en el pasado.

> **MODELO**   las llaves / perderse / (a mí)
> **Se me perdieron las llaves.**

1. el dinero / olvidarse / (a Julián)

_____

2. las galletas / quemarse / (a nosotros)

_____

3. el gato / escaparse / (a los vecinos)

_____

4. el vaso / romperse / (a Raquel)

_____

5. el tobillo / torcerse / (a ti)

_____

6. los papeles / caerse / (a mí)

_____

8. Imagina que tú y tu familia fueron de paseo al campo y les ocurrieron cosas inesperadas. Completa las oraciones usando **se** y las frases del cuadro para contar lo que pasó.

atravesarse vacas en el camino	acabarse los refrescos
mojarse la comida	reventarse una llanta
hundirse los pies en el lodo	fracturarse la pierna

1. No pudimos pasar por el puente porque _____.

2. Mi hermano jugaba demasiado cerca del río y _____.

3. Empezó a llover y _____.

4. Mientras caminábamos por el bosque, me caí y _____.

5. Teníamos mucha sed ese día y pronto _____.

6. Como el camino estaba cubierto de astillas, _____.

COLECCIÓN 3 · GRAMÁTICA

Gramática

··

Se como sustituto del pronombre de complemento indirecto

9. Contesta las preguntas afirmativamente, sustituyendo los objetos con pronombres.

> **MODELO** ¿Nos puede Ud. dar información sobre el puesto?
> **Sí, se la puedo dar.**

1. ¿Nos ofrecen Uds. un buen salario?

_____

2. ¿Nos pagan Uds. el seguro?

_____

3. ¿Dan Uds. vacaciones anuales a sus empleados?

_____

4. ¿Nos dice Ud. el horario del puesto?

_____

5. ¿Nos permite Ud. visitar la fábrica?

_____

6. ¿Nos comunica Ud. su decisión mañana?

_____

10. Contesta las preguntas usando los pronombres de complemento directo e indirecto.

> **MODELO** ¿A quién le cuentas tus problemas?
> **Se los cuento a mi tía favorita.**

1. ¿A quiénes les dices la verdad?

_____

2. ¿A quiénes les envías correo electrónico?

_____

3. ¿A quién le preparas de vez en cuando el desayuno?

_____

4. ¿A quién le cuentas tus secretos?

_____

COLECCIÓN 3 · GRAMÁTICA

Gramática

La voz pasiva

11. Escribe una **X** solamente al lado de las oraciones donde el sujeto del verbo recibe la acción.

_____ 1. Ese programa es visto por muchos jóvenes.

_____ 2. La dirección de la casa no se veía desde la calle.

_____ 3. Gustavo ya preparó la cena.

_____ 4. Jorge les abrió la puerta a los invitados.

_____ 5. Se construyeron los edificios en el norte de la ciudad.

_____ 6. Tres elefantes han sido llevados al zoológico.

_____ 7. Nosotros remodelamos la cocina el año pasado.

_____ 8. Las invitaciones ya fueron enviadas.

12. Escribe las oraciones de nuevo, usando la voz pasiva con **ser.**

MODELO   Arreglaron la moto.
         La moto fue arreglada.

1. Lorena escribió el informe.

_____

2. No terminaron el trabajo.

_____

3. El arquitecto diseñó el puente.

_____

4. Mis padres vendieron la casa hace un mes.

_____

5. La señora Prieto cuidará a los niños.

_____

6. La editorial no publicará esta foto.

_____

7. El terremoto destruyó la carretera.

_____

COLECCIÓN 3 • GRAMÁTICA

Gramática

13. Vuelve a escribir las respuestas de la Actividad 12, usando la voz pasiva con **se**. No es necesario incluir el agente.

MODELO La moto fue arreglada.
Se arregló la moto.

1. _____
2. _____
3. _____
4. _____
5. _____
6. _____
7. _____

14. Escribe un párrafo sobre los preparativos para una fiesta, usando las frases del cuadro. Incluye tres oraciones con la voz pasiva con **ser** y tres oraciones con la voz pasiva con **se**.

mandar las invitaciones	preparar los entremeses
decorar la casa	escoger la música
comprar los refrescos	inflar los globos

_____
_____
_____
_____
_____
_____
_____
_____
_____
_____
_____

COLECCIÓN 3 • GRAMÁTICA

Comparación y contraste

La voz pasiva y activa en español e inglés

15. Traduce las oraciones al inglés.

1. Se nos dijo que la entrada era gratis.

   _____

2. Se le dieron las llaves de la casa a Raquel.

   _____

3. Esta carta la escribió César.

   _____

4. A mí no me ofrecieron el puesto.

   _____

5. Ese pastel lo decoró Ricardo.

   _____

6. Mandé el carro a arreglar.

   _____

16. Traduce las oraciones al español.

1. Carlos was definitely not given permission.

   _____

2. This crib was used by my grandmother.

   _____

3. It is said that a movie star once lived in this house.

   _____

4. Zoraida was given a new computer.

   _____

5. Our neighbors had their car stolen.

   _____

6. I had my shirts ironed yesterday.

   _____

COLECCIÓN 3 · GRAMÁTICA

Ortografía

Letra y sonido

1. Completa las palabras con **b** o **v**.

1. a___surdo
2. a___entura
3. a___solutamente
4. exhi___ir
5. sal___a___idas

6. ___illete
7. cu___rir
8. e___itar
9. flexi___ilidad
10. lla___ero

11. na___egación
12. cantá___amos
13. o___ligaron
14. sá___ana
15. sil___estre

2. Completa las oraciones con **b** o **v**.

1. Ésta es la octa___a semana consecutiva que llue___e aquí en la ciudad.
2. La am___ición del vicepresidente supera___a la del candidato.
3. El no___le fue la ___urla de todos los ___urgueses.
4. Es ob___io que este hom___re pasó frío en la ca___aña.
5. Sea usted ___ienvenido a esta ___i___lioteca de la que es ___enefactor.
6. Tu a___uelita andu___o ___uscándote por toda la a___enida.
7. La di___ersidad ___iológica en la sel___a tropical es increí___le.
8. En esta ___illa se canta___an ___illancicos durante la Na___idad.

3. Completa las oraciones con la palabra correcta.

1. Le dieron el título de (barón/varón) por sus servicios a la Corona.
2. Por favor no (bote/vote) la basura aquí.
3. El gatito recién nacido estaba cubierto por una fina capa de (bello/vello).
4. El agente de (bienes/vienes) raíces nos mostró cinco casas.
5. Si no (cabe/cave) la cama allí, habrá que mover los otros muebles.
6. El hombre nos (rebeló/reveló) el secreto de su familia.
7. Anoche el (tubo/tuvo) del gas se rompió.
8. Va a (haber/ver) elecciones para elegir a un nuevo diputado.

COLECCIÓN 3 • ORTOGRAFÍA

Ortografía

La acentuación

4. Escribe una palabra que contenga las combinaciones de diptongos dadas.

1. ai: _____
2. au: _____
3. ei: _____
4. eu: _____
5. ia: _____
6. ie: _____
7. io: _____

8. iu: _____
9. oi: _____
10. ou: _____
11. ua: _____
12. ue: _____
13. ui: _____
14. uo: _____

5. En la siguiente lista de palabras, subraya los diptongos y encierra en un círculo los hiatos.

1. caótico
2. rehusar
3. caída
4. aldea
5. mohíno

6. actúa
7. reunir
8. lección
9. autobús
10. reemplaza

11. cuídate
12. oigo
13. héroe
14. ahora
15. Venezuela

6. Pon un acento escrito en las palabras que lo necesiten.

1. El dieciseis de septiembre es un dia patriotico.
2. La contaminacion de los rios es un problema serio.
3. Mi hermano escribe poesia y tambien actua en el teatro.
4. El buho se rehusa a salir del baul.
5. Nuestra prima sonrie de alegria al conseguir su ciudadania estadounidense.
6. Por favor, afeitate y despues peinate.
7. Nuestro huesped quedó huerfano recientemente.

COLECCIÓN 3 · ORTOGRAFÍA

Pruebas

COLECCIÓN 4

El anillo del general Macías • Josefina Niggli

Vocabulario esencial

1. Determina cuál es la relación entre cada par de palabras. Escribe **A** si las palabras son antónimos o **S** si son sinónimos. Si son antónimos, escribe un sinónimo de la palabra en negrilla; si son sinónimos, escribe un antónimo. Consulta un diccionario si es necesario.

MODELO   **A**   **salvarse** : condenarse   **escaparse**

_____ **I.** **retroceder** : retirarse   _____

_____ **2.** **galante** : descortés   _____

_____ **3.** **aturdido** : tranquilo   _____

_____ **4.** **zafarse** : enfrentarse   _____

_____ **5.** **farsa** : engaño   _____

_____ **6.** **atinado** : equivocado   _____

_____ **7.** **halagado** : deleitado   _____

_____ **8.** **jactarse** : alardear   _____

_____ **9.** **coraje** : cobardía   _____

_____ **10.** **desolado** : angustiado   _____

2. Escoge cinco palabras en negrilla de la Actividad I y escribe una oración con cada una de ellas.

I. _____

2. _____

3. _____

4. _____

5. _____

COLECCIÓN 4 • LECTURA

El anillo del general Macías

Comprensión del texto

3. El conflicto, o lucha entre dos personajes o fuerzas opuestas, es el elemento central de un cuento, un drama o una novela. En los conflictos externos, un personaje lucha con otra persona, un grupo o una fuerza de la naturaleza. En los conflictos internos, la lucha tiene lugar dentro de la mente de un personaje. En tus propias palabras, describe el conflicto principal entre los siguientes personajes.

Personajes	Conflicto
Raquel y Mariana	
Raquel y Andrés	
Raquel y el capitán Flores	
Raquel y el general Macías	
Raquel consigo misma	

Análisis del texto

4. Contesta las siguientes preguntas con oraciones completas.

1. En tu opinión, ¿cuál es el conflicto principal de la obra? ¿Por qué?

_____

_____

_____

2. ¿Cómo se resuelve el conflicto principal al final de la obra? ¿Crees que fue la única solución posible o había otras? Da una alternativa.

_____

_____

_____

«Cajas de cartón» • Francisco Jiménez

Vocabulario esencial

1. Busca la definición que corresponde a cada una de las palabras.

_____	**1.** agujereado	**a.**	espacio de tiempo de cierta duración
_____	**2.** magullado	**b.**	cambio de casa
_____	**3.** mudanza	**c.**	conjunto de frutos que se recogen de la tierra
_____	**4.** pizcar	**d.**	hendidura
_____	**5.** roído	**e.**	con agujeros
_____	**6.** temporada	**f.**	cosechar, recoger
_____	**7.** cosecha	**g.**	adolorido
_____	**8.** mella	**h.**	carcomido, desgastado

2. Busca en un diccionario un sinónimo para cada una de las siguientes palabras. Luego escribe una oración original usando la palabra del **Vocabulario esencial.**

> **MODELO**   impertinente
> Sinónimo: **insolente**
> Oración: **Las preguntas impertinentes de la señora me molestaron y por eso no las contesté.**

1. acarrear   Sinónimo: _____

Oración: _____

2. trastes   Sinónimo: _____

Oración: _____

3. apearse   Sinónimo: _____

Oración: _____

4. deslizarse   Sinónimo: _____

Oración: _____

5. sobresaltarse   Sinónimo: _____

Oración: _____

6. fornido   Sinónimo: _____

Oración: _____

«Cajas de cartón»

....

Comprensión del texto

3. Hay episodios en la historia que revelan que Panchito es valiente y paciente. Pero también hay otros ejemplos en la historia que revelan otros rasgos de su personalidad. Completa el cuadro con ejemplos de la lectura que revelen esos rasgos.

Rasgo de su personalidad	Ejemplo
obediente	
trabajador	
sensible	
diligente	
estoico	

Análisis del texto

4. ¿Cómo crees que el autor quiere que el lector se sienta con respecto a Panchito? ¿Por qué crees eso?

_____

_____

_____

A leer por tu cuenta

«Los dos reyes y los dos laberintos» • Jorge Luis Borges

Crea significados

Repaso del texto

a. ¿Por qué afirma el narrador que el primer laberinto era un escándalo?

_____

b. ¿Cómo se escapó del laberinto el rey de los árabes?

_____

c. ¿A quién se amarró encima de un camello veloz?

_____

d. ¿Qué le dice el rey de los árabes al rey de Babilonia antes de abandonarlo en el desierto?

_____

_____

Primeras impresiones

1. ¿Cuál de los dos laberintos crees que tiene un diseño más ingenioso? ¿Por qué?

_____

_____

Interpretaciones del texto

2. ¿Por qué crees que el rey de Babilonia decidió construir el laberinto y qué nos dice de él esta decisión? Explica tu respuesta.

_____

_____

3. ¿En qué se parecen los dos reyes? ¿En qué difieren?

_____

_____

«Los dos reyes y los dos laberintos»

4. ¿En qué se parecen los dos laberintos? ¿En qué difieren?

_____

_____

Preguntas al texto

5. El cuento da un mensaje sobre la humildad y la venganza. ¿Qué crees que revela sobre la venganza?

_____

_____

Vocabulario en contexto

1. Encierra en un círculo la palabra que no pertenece a cada uno de los siguientes grupos. Consulta un diccionario si es necesario.

1. congregar	reunir	separar	convocar	juntar
2. estragar	arruinar	destruir	dañar	arreglar
3. fatigoso	descansado	cansado	agobiante	extenuante
4. proferir	decir	callar	articular	clamar
5. vedar	prohibir	impedir	negar	permitir
6. venturoso	desgraciado	feliz	afortunado	dichoso

2. Completa las oraciones con la palabra que falta. Cambia la forma de la palabra si es necesario.

Palabras para escoger				
proferir	congregar	estragar	venturoso	fatigoso

1. La reciente inundación del pueblo _____ la cosecha.

2. El _____ viaje me dejó sin ganas de salir a ninguna parte.

3. El presidente de la compañía _____ a todos los empleados para darles la buena noticia.

4. El caballero andante le _____ su amor a la bella doncella.

5. Llegó el día _____ de la boda y todos estaban emocionados.

«Los dos reyes y los dos laberintos»

Comprensión del texto

3. En el cuadro de la izquierda explica por qué crees que el rey de Babilonia se considera mejor que el rey de los árabes. En el de la derecha, explica por qué crees que el rey de Arabia piensa que él es mejor.

El rey de Babilonia	El rey de Arabia

Análisis del texto

4. Contesta las siguientes preguntas con oraciones completas.

1. «Los dos reyes y los dos laberintos» es un buen ejemplo de la alegoría. Una alegoría es una historia en la que los personajes y las situaciones representan o significan ideas y valores abstractos. En tu opinión, ¿qué es lo que representan los laberintos?

_____

_____

_____

2. A veces, las alegorías se utilizan para enseñar a los lectores una lección sobre la vida. ¿Qué lección crees tú que enseña este cuento?

_____

_____

_____

Vocabulario esencial

1. Lee las siguientes oraciones sobre *El anillo del general Macías*. Escribe en los espacios en blanco el antónimo del cuadro que mejor corresponde a las palabras subrayadas. Cambia la forma de la palabra si es necesario.

Palabras para escoger			
aturdido	ostentosamente	abarrotado	coraje
jactarse	atinado	despejado	refugio

_____ **1.** El salón que sirve de escenario para la obra se ve <u>vacío</u>.

_____ **2.** Raquel dice que admira <u>la cobardía</u> que demuestra su marido con su participación en el ejército.

_____ **3.** Raquel bosteza <u>discretamente</u>.

_____ **4.** Andrés y Cleto buscan <u>inhospitalidad</u> en la casa de Raquel.

_____ **5.** Raquel se queda <u>tranquila</u> al saber que la vida de su marido depende de ella.

_____ **6.** Según Andrés, el general <u>se ha avergonzado</u> de la valentía de su esposa.

_____ **7.** El capitán Flores duda que haya sido <u>inapropiado</u> decirle a Mariana que hay un espía muerto en la sala.

_____ **8.** Antes de irse de la casa, Andrés averigua si el distrito ya está <u>obstruido</u>.

2. Busca la definición que corresponde a cada una de las palabras o expresiones de *El anillo del general Macías*.

_____ **1.** leal   **a.** angustiado, muy preocupado

_____ **2.** jadear   **b.** parar

_____ **3.** dorso   **c.** sincero y honrado, que guarda fidelidad

_____ **4.** sano y salvo   **d.** comportamiento que se considera correcto por un grupo social

_____ **5.** modales   **e.** respirar con dificultad

_____ **6.** desolado   **f.** sin daño ni menoscabo

_____ **7.** detener   **g.** menearse una cosa como si no estuviera en equilibrio

_____ **8.** tambalearse   **h.** revés o espalda de una cosa

Vocabulario esencial

3. Escribe en los espacios en blanco la palabra que mejor completa las oraciones sobre «Cajas de cartón».

1. Todavía era plena _____ cuando se pusieron a empacar

    _____ del desayuno.
    a. temporada, la mudanza   **b.** madrugada, los trastes   **c.** cosecha, los cartones

2. Mientras los chicos _____ las cajas, Papá amarraba el colchón sobre

    _____.
    a. apeaban, la mudanza   **b.** acarreaban, la capota   **c.** empacaban, las cajas de cartón

3. Durante _____ de _____ se mudaban de un campo a otro.
    a. la temporada, la cosecha   **b.** la capota, la madrugada   **c.** la mella, la temporada

4. La emoción de encontrar trabajo dejó a Mamá _____ y

    _____ del gusto.
    a. magullada, sobresaltada   **b.** impertinente, entusiasmada   **c.** entusiasmada, sofocada

5. Gracias a _____, las paredes del garaje donde iban a vivir estaban

    totalmente _____.
    a. los comejenes, roídas   **b.** la muchedumbre, deslizadas   **c.** la mudanza, desempacadas

Mejora tu vocabulario

4. Contesta las preguntas con la palabra o expresión entre paréntesis que mejor corresponde.

1. ¿Qué palabra mexicana usarías para referirte a un amigo? (cuate/escuincle)

2. ¿Qué expresión cubana usarías para expresar que vas a descansar? (abanicar/echar un pestañazo)

3. ¿Qué palabra mexicana es sinónimo de «maletero» o «baúl»? (cajuela/alberca)

4. ¿Qué expresión cubana describe lo que hace una persona presumida? (darse lija/agüitarse)

5. ¿Qué palabra puertorriqueña se refiere a algo que usas para atar los zapatos? (popote/cabete)

6. ¿Qué palabra puertorriqueña se refiere a un tipo de vehículo que transporta alumnos a la escuela? (combi/guagua)

Gramática

Las cláusulas de relativo y los pronombres relativos

1. En cada oración subraya la cláusula de relativo. Luego encierra en un círculo el pronombre relativo e indica su antecedente en el espacio en blanco.

MODELO   Era una de esas personas (que) no se olvidan nunca. **personas**

1. Claudia y Diego son los chicos a quienes conocí la semana pasada. _____

2. Quieren que ustedes vengan a la fiesta que van a hacer mañana. _____

3. La casa donde será la fiesta era de un cantante famoso. _____

4. Dicen que el cantante famoso cantará en la fiesta, lo cual dudo. _____

5. La fiesta, cuyo tema es los años setenta, será fabulosa. _____

6. Yo lo que espero es que vengan ustedes. _____

7. Podemos ir juntos en mi carro, que acabo de arreglar. _____

8. Pueden invitar a las hermanas de Javier, con quienes también tienen amistad

   Claudia y Diego. _____

2. Combina cada par de oraciones en una sola, usando la forma correcta del pronombre relativo entre paréntesis.

MODELO   Las personas son Édgar y Lorena. Estudio con ellos. (quien)
   Las personas con quienes estudio son Édgar y Lorena.

1. A mi regreso, comprendí lo que me pasaba. Hice el regreso lentamente. (el cual)

   _____

2. Leí un libro. El final del libro no me gustó para nada. (cuyo)

   _____

3. Mis dos tías trabajan en una florería. A mis tías les gustan las plantas. (quien)

   _____

4. Frida Kahlo era una mujer de mucho talento. Admiro las obras de Frida Kahlo. (cuyo)

   _____

5. Estaba molesto con mis padres. Mis padres querían vender los cachorros. (el cual)

   _____

Gramática

• •

Cláusulas especificativas y explicativas

3. En cada oración, subraya la cláusula de relativo e identifícala como **especificativa** o **explicativa** en el espacio en blanco. Luego escoge el sentido semántico que mejor corresponde a la oración.

1. Los estudiantes, que aprobaron sus exámenes, tendrán alegres vacaciones.

_____

    a. Los que tendrán alegres vacaciones son sólo aquellos estudiantes que aprobaron sus exámenes.

    b. Todos los estudiantes aprobaron sus exámenes y todos tendrán alegres vacaciones.

2. Las mansiones que están en lo alto de la montaña son caras. _____

    a. Hay otras mansiones que no están en lo alto de la montaña y son baratas. Las caras son las que están en lo alto.

    b. Todas las mansiones están en lo alto de la montaña y todas son caras.

3. Los perros doberman, que ladran mucho, defienden bien las propiedades. _____

    a. Los perros doberman defienden bien las propiedades porque ladran mucho.

    b. Los perros doberman que defienden bien las propiedades son sólo los que ladran mucho.

4. Los empleados que hablan portugués van a la conferencia. _____

    a. Todos los empleados hablan portugués y todos van a la conferencia.

    b. Sólo los empleados que hablan portugués van a la conferencia.

5. Tendrás que añadir leche y harina a la masa, que tiene demasiada sal. _____

    a. Sólo hay una masa y ésta tiene demasiada sal.

    b. Tendrás que añadir leche y harina solamente a aquella masa que tiene demasiada sal. No tendrás que añadir nada a las demás masas.

6. Los especialistas en oceanografía, que llegaron ayer, nos van a ayudar con el problema

de la contaminación. _____

    a. Los que nos van a ayudar con el problema de la contaminación son sólo aquellos especialistas en oceanografía que llegaron ayer.

    b. Todos los especialistas en oceanografía llegaron ayer y todos nos van a ayudar con el problema de la contaminación.

7. Los actores que interpretaron la obra «Don Quijote» son fenomenales.

_____

    a. Todos los actores interpretaron la obra «Don Quijote» y todos son fenomenales.

    b. Sólo los actores que interpretaron la obra «Don Quijote» son fenomenales.

Gramática

4. Escribe oraciones con las cláusulas de relativo dadas.

   MODELO   cuyos cuentos me fascinan (explicativa)
   Jorge Luis Borges, cuyos cuentos me fascinan, nació en Argentina.

1. que acaba de llegar de Perú (explicativa)

_____

_____

2. donde nací (especificativa)

_____

_____

3. que me gustan (especificativa)

_____

_____

4. con quien comparto mis secretos (explicativa)

_____

_____

5. que trabajan en el campo (especificativa)

_____

_____

6. que nos costó mucho dinero (explicativa)

_____

_____

7. de la que te hablé (especificativa)

_____

_____

Gramática

Los usos de los pronombres relativos

5. Completa las oraciones con el pronombre relativo más adecuado de los que están entre paréntesis.

1. Marjorie Agosín, a (que/quien) llaman «poetisa del silencio», fue la ganadora del premio Gabriela Mistral.

2. Esmeralda Santiago ha publicado numerosos libros, en (el cual/los cuales) el tema del desarraigo está siempre presente.

3. Amy Serrano es directora de *Globe Link Productions,* (que/cuya) es una compañía cinematográfica, por medio de (la cual/las cuales) crea obras de contenido social e histórico.

4. Gary Soto, (cuyo/cuyos) cuentos ya hemos leído, ayudó a Sandra Cisneros con *Bad Boys.*

5. La periodista (que/quien) vimos en CNN es María Hinojosa.

6. La conductora, a (que/la que) vimos en la Edición Especial de Telemundo, acaba de ganar un concurso de belleza.

7. Nerri Torres es la coreógrafa de esas bailarinas, a (quien/quienes) me encanta ver bailar.

8. El escritor que escribió esta novela, (que/el cual) me gustó mucho, se llama Carlos Fuentes.

9. Celia Cruz, (a quien/la que) tuve el placer de conocer en Puerto Rico, va a dar un concierto en Los Ángeles.

10. Miguel, (cuyo/cuyos) padres conocimos ayer, viene por ti a la una para ir a almorzar.

11. Jaime ya no les tiene miedo a los murciélagos, (los que/los cuales) se ven volando cada noche.

12. El cantante con (que/el que) salía mi amiga Daniela la hizo muy infeliz.

Gramática

6. Completa el párrafo con la forma correcta de los pronombres relativos del cuadro. Se usan dos pronombres relativos más de una vez.

que	quien	cuyo	donde	cuando

Esa foto 1. _____ ves es de mi bisabuelo Gilberto. Fue tomada en los años

cincuenta, 2. _____ él vivía en Venezuela. Él había emigrado de Francia,

3. _____ luchó en la Segunda Guerra Mundial. En esa época, Venezuela,

4. _____ imagen era la de una tierra de grandes oportunidades, atrajo a

muchos inmigrantes. Mi abuelo materno, 5. _____ es boliviano, también había

inmigrado a Venezuela en esa década. Allí conoció a mi abuela Nicole, a

6. _____ bien conoces y 7. _____ nombre también tengo yo.

7. Escribe las oraciones de nuevo, corrigiendo los errores gramaticales.

MODELO   El cirujano quien me operó es primo del profesor Ortega.
   El cirujano que me operó es primo del profesor Ortega.

1.   Las razones por el cual no nos acompañaron son tontas.

   _____

2.   El comediante quien te hablé de es chicano.

   _____

3.   Mi habitación tiene una ventana a través que brilla el sol.

   _____

4.   El protagonista, cuyo hijos han sido secuestrados, demuestra mucha valentía.

   _____

5.   ¿Son amigas tuyas las personas quienes están cantando baladas?

   _____

6.   Los futbolistas contra que jugamos eran muy buenos.

   _____

Gramática

8. Combina cada par de oraciones en una sola, usando la forma correcta de un pronombre relativo.

MODELO   Eran las doce del día. Almorzamos en la cafetería.
Eran las doce del día cuando almorzamos en la cafetería.

1. Los niños juegan a la rayuela. Sus gritos rompen el silencio de la siesta.

_____

_____

2. Los hombres hablan de las noticias. Escucharon las noticias por la radio.

_____

_____

3. Te voy a enseñar este jardín. En este jardín descubrí el amor por la naturaleza.

_____

_____

4. Las calles del mercado están llenas de fabulosos aromas. Recorro las calles todos los días.

_____

_____

5. En este cuento, los animales hablan con un niño. Se ha visto a los animales comunicarse de muchas formas.

_____

_____

6. José Gamarra nació en Uruguay. Sus obras son novelas pintorescas.

_____

_____

7. La chica es mi hermana. Le diste tu número de teléfono a la chica.

_____

_____

Gramática

9. Escribe las oraciones de nuevo, usando los pronombres relativos más formales.

MODELO Los estudiantes de los que te hablé se graduaron
con excelentes calificaciones.
**Los estudiantes de los cuales te hablé se graduaron
con excelentes calificaciones.**

1. El hijo de Marcelo, al que llamaban Salvador, ganó una fortuna en California.

   _____

   _____

2. Le habían dado al rey dos galeras, en que transportó las riquezas.

   _____

   _____

3. El empleado vivió con el anciano, que le dejó su herencia.

   _____

   _____

10. Escribe las oraciones de nuevo, usando los pronombres relativos menos formales.

MODELO Ésos son los tres estudiantes a quienes entrevistaron.
Ésos son los tres estudiantes a los que entrevistaron.

1. Los platos, los cuales están pintados a mano, hacen juego con el mantel.

   _____

   _____

2. Luis y Eduardo, quienes organizaron el festival, darán un discurso.

   _____

   _____

3. La persona a quien le deberías preguntar es al profesor Muñiz.

   _____

   _____

Gramática

11. Escribe oraciones usando la forma correcta del pronombre relativo entre paréntesis para definir las siguientes palabras.

MODELO   fotosíntesis (cual) **Es el proceso por el cual las plantas transforman luz en azúcar.**

1. bomberos (que)

_____

2. módem (cual)

_____

3. huérfana (quien)

_____

4. mellizos (que)

_____

5. guión (que)

_____

6. patria (que)

_____

7. tocayo (cuyo)

_____

8. compás (cual)

_____

9. laberinto (donde)

_____

10. pincel (que)

_____

11. vaquero (que)

_____

Gramática

12. Si pudieras entrevistar al escritor de «Cajas de cartón», ¿qué le preguntarías? Escribe seis preguntas, usando pronombres relativos y un tono formal.

MODELO   **¿Cuál es el motivo por el que escribió «Cajas de cartón»?**

1. _____

2. _____

3. _____

4. _____

5. _____

6. _____

13. Escribe un párrafo describiendo los cambios en tu ciudad o escuela a alguien que dejó de vivir allí hace varios años. Usa por lo menos seis pronombres relativos en diferentes cláusulas explicativas y especificativas.

MODELO   **En el edificio donde quedaba la estación de autobuses queda ahora un museo de arte.**

_____

_____

_____

_____

_____

_____

_____

_____

_____

_____

_____

_____

Comparación y contraste

Las cláusulas de relativo en español e inglés

14. Traduce las oraciones al inglés.

1. Carolina es la chica a quien Manuel le dedica sus canciones.

_____

2. No veo al mesero que nos atendió ayer.

_____

3. Aquí no hay con que barrer.

_____

4. ¿Es él el muchacho con el cual te peleaste?

_____

5. Pilar busca con quien compartir un apartamento.

_____

6. Mi tío, al que nombraron embajador, es mayor que mi padre.

_____

15. Traduce las oraciones al español.

1. I have no one to give these tickets to.

_____

2. That's the person who robbed us.

_____

3. César, whom you met once, is going to the Olympics.

_____

4. The student they gave the scholarship to is my best friend.

_____

5. The house we went into was empty.

_____

6. I need a pencil to do my math with.

_____

Ortografía

· ·

Letra y sonido

1. Completa las palabras con **m** o **n**.

1. gi___nasio
2. e___papelar
3. i___necesario
4. e___bellecer
5. i___troducir

6. i___flación
7. asa___blea
8. e___pleado
9. co___venció
10. si___plicidad

11. te___porada
12. co___trol
13. co___vivir
14. co___promiso
15. e___venenar

2. Completa las palabras con **mn**, **nm** o **nn**.

1. co_____emorar
2. o_____ipotente
3. i_____enso
4. i_____ato

5. calu_____ia
6. i_____inente
7. i_____umerable
8. e_____oblecer

9. inso_____io
10. i_____anejable
11. co_____ensurar
12. inde_____izar

3. Escribe las oraciones de nuevo, corrigiendo los errores ortográficos.

1. Los hombres del pueblo tanbién ayudaron a los bonberos.

   _____

2. Tenemos que cambiar las bonbillas de las lánparas porque se ronpieron.

   _____

3. El ruido de la bonba le causó una anesia tenporal.

   _____

4. Hay un sinúmero de alunmos cantando el himno con mucha solemidad.

   _____

5. Se sentía imfeliz porque la emfermedad era incurable.

   _____

6. Los immensos mares son inavegables durante el imvierno.

   _____

Ortografía

La acentuación

4. Escribe la forma plural de las siguientes palabras.

1. canción _____
2. francés _____
3. imagen _____
4. cráter _____
5. ángel _____

6. camión _____
7. crimen _____
8. campeón _____
9. imán _____
10. adiós _____

5. Escribe la forma singular de las siguientes palabras.

1. razones _____
2. jardines _____
3. resúmenes _____
4. cárceles _____
5. algunos _____

6. sensaciones _____
7. rincones _____
8. árabes _____
9. transmisiones _____
10. generales _____

6. Pon un acento escrito en las palabras que lo necesiten.

1. El ladron estaba apuntandonos con un revolver.

2. Le fue magnificamente en el examen de computacion porque conocía el tema a la perfeccion.

3. Entreguele urgentemente los revolveres al capitan.

4. Leanse los dos volumenes sobre las civilizaciones precolombinas.

5. Fijate que el joven Rubén, que es un sabelotodo, no mostró ningun interes.

6. El embajador portugues hizo la inauguracion del Salon Comun.

7. Este almacen vende mesas de marmol, financiandolas a intereses bajos.

8. Visitemos las carceles y entrevistemonos con los presos.

9. Callense porque todos los jovenes, sin excepcion, tienen examenes hoy.

10. La exposicion de arte ocupa dos salones e incluye imagenes de la civilizacion incaica.

Nombre _____ Clase _____ Fecha _____

Mitos

del *Popol Vuh* • Jorge Luis Arriola

Vocabulario esencial

1. Escoge la letra del significado que mejor define cada una de las palabras subrayadas.

_____ **1.** A pesar de que sigue lloviendo, el mar aún está <u>apacible</u>.
    a. tempestuoso   **b.** temible   **c.** tranquilo

_____ **2.** La madre lo buscó por toda la <u>faz</u> de la Tierra.
    a. textura   **b.** superficie   **c.** tamaño

_____ **3.** Los niños estaban tan emocionados por abrir los regalos de Navidad que se levantaron al <u>alba</u>.
    a. atardecer   **b.** anochecer   **c.** amanecer

_____ **4.** El profesor de matemáticas es una persona <u>dotada</u> de gran inteligencia.
    a. que le faltan ciertos dones   **b.** que le sobran ciertos dones   **c.** que posee ciertos dones

_____ **5.** Fue difícil encontrar la cabaña en medio de las <u>tinieblas</u>.
    a. oscuridad   **b.** claridad   **c.** nubes

_____ **6.** La vista de la playa está <u>oculta</u> por los edificios.
    a. prohibida   **b.** visible   **c.** escondida

_____ **7.** El vuelo de la noche se atrasó porque no ha <u>cesado</u> de nevar.
    a. empezado   **b.** dejado   **c.** continuado

_____ **8.** Los que <u>engendran</u>, dan la vida.
    a. trabajan   **b.** procrean   **c.** inventan

_____ **9.** Durante el recreo, los estudiantes se cogieron de la mano y comenzaron a correr y a <u>serpentear</u> entre los árboles.
    a. hacer curvas   **b.** matar serpientes   **c.** estirarse

_____ **10.** No alcanzaba a ver muy bien, pero parecía haber ahí, en la calle, el cuerpo <u>inerte</u> de un animal.
    a. agitado   **b.** incompleto   **c.** sin movimiento

COLECCIÓN 5 • LECTURA

Nuevas vistas Curso avanzado 2   Cuaderno de práctica **89**

del *Popol Vuh*

Comprensión del texto

2. Determina si las siguientes oraciones son **ciertas (C)** o **falsas (F).** Si es una oración falsa, corrígela en el espacio en blanco.

_____ **1.** *Popol Vuh* es el primer libro escrito en la antigüedad.

_____

_____ **2.** El primer capítulo relata cómo se formó el cielo y el mar.

_____

_____ **3.** Al principio no había ni humanos ni animales, pero sí había luz.

_____

_____ **4.** El Creador y El Formador se consultaron pero no llegaron a ningún acuerdo.

_____

_____ **5.** Se creó al hombre, dotado de razón, al alba.

_____

_____ **6.** El Corazón del Cielo y Hurakán son el mismo dios.

_____

_____ **7.** El Relámpago es el único signo de Hurakán.

_____

_____ **8.** La creación de la Tierra tomó un periodo de veinticuatro horas.

_____

Análisis del texto

3. El tema de la creación se encuentra en la mitología de muchas culturas en todo el mundo y a través de la historia. ¿Por qué crees que tantas culturas han tenido la necesidad de crear mitos sobre la creación del mundo y del hombre?

_____

_____

_____

COLECCIÓN 5 • LECTURA

Tres mitos latinoamericanos: «La historia de Quetzalcóatl», «El casamiento del Sol» y «Los primeros incas» • Douglas Gifford

Vocabulario esencial

1. Escribe en los espacios en blanco la palabra del cuadro que mejor corresponde a las palabras subrayadas. Cambia la forma de la palabra si es necesario.

Palabras para escoger			
cazador	rugido	perecer	sustentarse
tramposo	impedir	hoguera	transmutarse
esculpir	dócil	prolongar	desparramarse

_____ 1. Quetzalcóatl era un niño <u>obediente</u> de buen corazón.

_____ 2. El dios Tezcatlipoca <u>se alimentaba</u> de los sacrificios humanos que exigía de los hombres.

_____ 3. Tezcatlipoca era un <u>embustero</u> que engañó a Quetzalcóatl al ponerle frente a los ojos un espejo para que se viera a sí mismo.

_____ 4. En la <u>fogata</u>, el cuerpo de Quetzalcóatl se convirtió en cenizas que se dispersaron con el viento.

_____ 5. Día tras día, la muchacha hermosa veía al joven <u>que cazaba</u> con un ciervo sobre los hombros.

_____ 6. El joven se cayó en el sendero resbaladizo, y las cenizas calientes que llevaba en una piel sobre sus hombros <u>se esparcieron</u> por el suelo.

_____ 7. De la boca del volcán salió una lluvia de fuego y un <u>bramido</u> que persiguió a la pareja, que trataba de escaparse.

_____ 8. El joven <u>se transformó</u>, haciéndose pequeño para esconderse debajo de la tortuga.

_____ 9. Viracocha, el gran Dios Creador, <u>labró</u> gigantescas figuras de piedra y luego les dio vida.

_____ 10. Como se negaban a trabajar, Viracocha decidió convertir a algunos de los gigantes en estatuas de piedra y los demás <u>murieron</u> en una gran inundación.

_____ 11. Ayar Manco amarró al sol con un lazo y <u>alargó</u> el día.

_____ 12. Ayar Manco levantó montañas para <u>imposibilitar</u> el paso del viento.

Tres mitos latinoamericanos: «La historia de Quetzalcóatl», «El casamiento del Sol» y «Los primeros incas»

Comprensión del texto

2. Un **mito** es una historia antigua en la que generalmente participan seres que muchas veces tienen características humanas al igual que poderes sobrenaturales. Completa el cuadro con tres características o acciones humanas y tres poderes o actos sobrenaturales relacionados con los siguientes personajes.

Personaje	Características o acciones humanas	Poderes o actos sobrenaturales
Quetzalcóatl		
El Sol		
Ayar Manco		

Análisis del texto

3. ¿Cuál es la importancia de darles a los dioses mitológicos características humanas? ¿Por qué crees que es importante darles poderes sobrenaturales?

_____

_____

_____

A leer por tu cuenta

«El corrido de Gregorio Cortez» • Américo Paredes

Crea significados

Repaso del texto

a. ¿Qué sucedió en el condado de El Carmen?

_____

b. ¿Por qué quieren capturar a Gregorio Cortez?

_____

c. ¿Qué dice Cortez acerca del crimen cometido en El Carmen?

_____

_____

d. ¿Qué sienten los americanos hacia Cortez?

_____

e. ¿Cuándo entregará Cortez las armas?

_____

Primeras impresiones

1. ¿Cuál fue tu primera impresión de Cortez al leer el corrido? ¿Por qué?

_____

_____

Interpretaciones del texto

2. ¿Qué cualidades se le atribuyen a Cortez en este corrido? Justifica tus respuestas con versos del texto.

_____

_____

_____

_____

«El corrido de Gregorio Cortez»

3. ¿Cuáles son los motivos de Cortez para rendirse finalmente a las autoridades?

_____

_____

_____

4. ¿Qué crees que pensaba el autor del corrido acerca de Cortez y su familia, del *sheriff* y de los *rangers*? Justifica tus respuestas con versos del texto.

_____

_____

_____

_____

_____

Conexiones con el texto

5. Si hubieras vivido en la frontera de México con Estados Unidos en la época en que tuvieron lugar los hechos que se describen en el corrido, ¿te habría parecido bien que se escribiera un corrido sobre Gregorio Cortez? ¿Por qué?

_____

_____

_____

_____

Vocabulario en contexto

1. Busca la definición que corresponde a cada una de las palabras.

_____ 1. aprehender   **a.** apasionado, ardiente

_____ 2. calabozo   **b.** delincuente, bandido

_____ 3. insortar   **c.** árbol frondoso de madera rojiza y olorosa

_____ 4. encendido   **d.** dar a conocer la noticia

_____ 5. ciprés   **e.** capturar, apresar

_____ 6. malhechor   **f.** lugar generalmente oscuro y sombrío donde se encierra a los presos

«El corrido de Gregorio Cortez»

Comprensión del texto

2. En el cuadro de la izquierda escribe por lo menos seis cualidades que tú piensas
que un héroe debe tener hoy en día. En el de la derecha, escribe las cualidades heroicas
que demuestra Cortez.

Las cualidades de un héroe	Las cualidades heroicas de Cortez

Análisis del texto

3. Contesta las siguientes preguntas con oraciones completas.

1. ¿Crees que Gregorio Cortez es un héroe? ¿Por qué?

_____

_____

2. ¿Qué cualidades del heroísmo piensas tú que valoraba la gente en la época de Cortez?
¿Son diferentes de las cualidades del héroe que describiste en el cuadro de arriba?

_____

_____

_____

Vocabulario esencial

1. Completa el crucigrama usando el **Vocabulario esencial** de Tres mitos latinoamericanos: «La historia de Quetzalcóatl», «El casamiento del Sol» y «Los primeros incas».

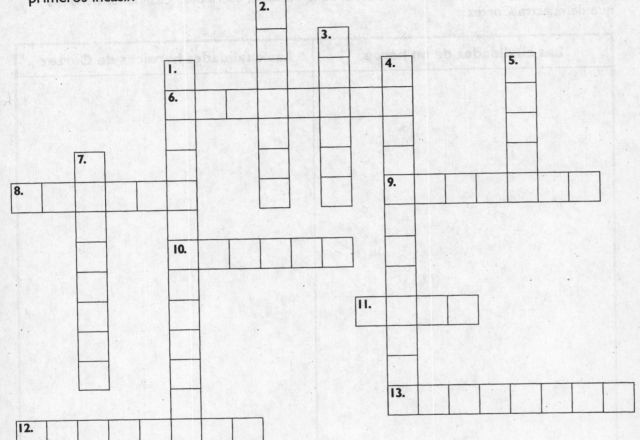

Verticales

1. esparcirse, extenderse por muchas partes
2. lluvia abundante, inundación
3. moverse el viento con cierta intensidad
4. transformarse, convertirse una cosa en otra
5. obediente
7. que tiene vida eterna

Horizontales

6. labrar a mano una escultura
8. polvo que queda después de una combustión completa
9. fingir una cosa
10. cuerpo o parte del cuerpo de una persona o animal después de muertos
11. cuerda
12. habilidad
13. cubrir exactamente una cosa con otra

Vocabulario esencial

2. Escribe en los espacios en blanco el antónimo del cuadro que mejor corresponde a las palabras subrayadas. Cambia la forma de la palabra si es necesario.

Palabras para escoger			
apacible	inerte	asirse	antigüedad
cesar	oculto	estorbar	sabiduría

_____ **I.** La colección contiene artefactos romanos de la <u>actualidad</u>.

_____ **2.** El <u>turbulento</u> mar Caribe se transformó por completo durante la temporada de los huracanes.

_____ **3.** La profesora ordenó que los alumnos <u>continuaran</u> de hablar.

_____ **4.** Hay que mover las cajas de allí porque <u>facilitan</u> el paso.

_____ **5.** Se sintieron seguros al acampar cerca del volcán <u>activo</u>.

_____ **6.** El camino estaba <u>visible</u> por el exceso de vegetación.

_____ **7.** La <u>ignorancia</u> era una de las grandes virtudes de los filósofos.

_____ **8.** Él pensaba que mientras pudiera <u>soltarse</u> de la cuerda, no se caería.

Mejora tu vocabulario

3. Completa las oraciones con la palabra que falta.

Palabras para escoger			
puma	chicle	cacique	hamaca
ají	cóndor	cacao	

I. El chocolate es un alimento compuesto principalmente de _____ y azúcar.

2. Por lo general, está prohibido masticar _____ en la escuela.

3. El _____ andino emprende el vuelo desde las cimas de las montañas.

4. El _____ de la tribu le ofreció al hombre algo de comer y un lugar donde dormir.

5. A mi mamá le gusta ponerle _____ al caldo para que quede más picante.

6. Deseo comprar una _____ para poder dormir al aire libre por las tardes.

7. Los niños deseaban, y a la vez temían, ver un _____, el león de las Américas.

Gramática

Repaso de las cláusulas de relativo

1. Lee el siguiente párrafo. Subraya las cláusulas de relativo y encierra en un círculo los antecedentes. Luego conecta la cláusula y su antecedente con una flecha.

El verano pasado, cuando visitamos La Paz, conocimos a un sabio aymara que nos contó sobre el origen del hombre. Nos dijo: «Así como los grandes árboles vienen de una semilla pequeña que va cambiando con los años, así también el hombre ha llegado a ser como es ahora después de miles de años. Dios sembró una semilla de vida en el mundo, de la cual salieron muchos animales y también el hombre. Aunque ustedes, cuya piel es más blanca, tengan algunas diferencias conmigo, nosotros tenemos el mismo origen, por lo cual somos hermanos».

2. Forma una oración compuesta uniendo los siguientes pares de oraciones simples por medio de un pronombre relativo.

MODELO Iré al Perú con Luis Prieto. El verano pasado viajé con él.
Iré al Perú con Luis Prieto, con quien viajé el verano pasado.

I. Los incas eran buenos ingenieros. Los incas construyeron muchos caminos y puentes.

_____

_____

2. Las fortalezas de los incas fueron construidas de piedra. El nombre en quechua de las fortalezas es *pukara*.

_____

_____

3. Los españoles se aprovecharon de los conflictos entre los incas. Los incas habían empezado a pelearse entre ellos mismos.

_____

_____

4. Con los españoles llegaron muchas enfermedades. Millones de incas murieron a causa de las enfermedades.

_____

_____

Gramática

3. Escribe las oraciones de nuevo, sustituyendo los adjetivos subrayados por cláusulas de relativo.

MODELO   Mi padre construyó aquel edificio <u>alto</u>.
          Mi padre construyó aquel edificio que tiene veinte pisos.

I. Mi amiga <u>boliviana</u> quiere conocerte.

_____

2. Los alumnos <u>responsables</u> asistirán al congreso.

_____

3. Los cuentos <u>populares</u> forman parte de nuestro folclor.

_____

4. Mi tía <u>querida</u> va a vivir con nosotros.

_____

5. El teléfono <u>inalámbrico</u> no funciona.

_____

6. Josefina vive en aquella casa <u>verde</u>.

_____

7. Encontré el lugar <u>ideal</u> para ir de vacaciones.

_____

El modo en las cláusulas de relativo

4. Escribe una **X** solamente al lado de las oraciones donde las palabras subrayadas se refieren a algo o a alguien desconocido o inexistente.

_____ I. Los <u>mitos</u> que acabamos de leer provienen de Chihuahua.

_____ 2. No hay ninguno de <u>ellos</u> que explique el origen del nopal.

_____ 3. A José le interesa aprender sobre los <u>aztecas</u> que dominaban el centro de México.

_____ 4. Ella busca un <u>libro</u> que contenga leyendas aztecas.

_____ 5. La <u>persona</u> que encuentre el libro debería de avisarle.

_____ 6. Gabriel prefiere leer <u>leyendas</u> que estén escritas en el lenguaje original.

COLECCIÓN 5 · GRAMÁTICA

Gramática

5. Completa las oraciones con la forma correcta del verbo.

1. A mí me gustaría estudiar una carrera que (sería, fuera) interesante.

2. La contabilidad, por ejemplo, es algo que no me (llama, llame) la atención.

3. No quiero un trabajo en el que (tengo, tenga) que estar en una oficina.

4. Busco un oficio que (requiere, requiera) viajar y recorrer el mundo.

5. Tengo un tío abuelo que (era, fuera) arqueólogo de joven.

6. Aunque esa carrera parece fascinante, él dice que el trabajo que (hacía, hiciera) era monótono.

7. Quisiera que me ayudaras a elegir una carrera que me (convino, convenga).

8. Me encantaría ser una de esas reporteras que (viajan, viajen) a lugares exóticos alrededor del mundo.

6. Completa el párrafo con la forma correcta de los verbos entre paréntesis.

Me gusta recibir correo electrónico pero me molesta recibir mensajes que

1. _____ (contener) bromas. El otro día recibí un mensaje que

supuestamente **2.** _____ (ser) del presidente de EE.UU., en el que

3. _____ (decir) que lo reenviara a todas las personas que yo

4. _____ (conocer) y que si llegaba a mil, todos los que

5. _____ (estar) en la lista recibirían mil dólares. Por supuesto,

yo —que **6.** _____ (ser) una persona escéptica— no lo hice. El

presidente no es una persona que **7.** _____ (enviar) correo

electrónico de ese tipo. El que escribió el mensaje era una persona a quien le

8. _____ (gustar) bromear y aprovecharse del hecho de que no hay

nadie que **9.** _____ (resistir) la idea de ganarse dinero tan fácilmente.

Gramática

7. Combina los elementos para formar oraciones completas, usando la forma correcta del presente del subjuntivo o del indicativo.

MODELO   ¿conocer / (tú) / a / alguien / que / hablar / portugués?
¿Conoces a alguien que hable portugués?

1. (nosotros) / necesitar / un / cocinero / que / saber / hacer / tamales

_____

2. (yo) / saber / donde / haber / una / tienda / que / tener / artículos / de / cuero

_____

3. buscarse / un / joven / que / cortar / el / césped

_____

4. (yo) / conocer / a / alguien / que / tocar / el / acordeón

_____

5. ¿dónde / haber / una / pastelería / que / vender / churros?

_____

6. (yo) / querer / un / perro / que / ser / listo

_____

7. ¿haber / alguien / aquí / que / entender / quechua?

_____

8. Victoria / no / encontrar / nada / que / gustarle / en / esa / joyería

_____

9. (nosotros) / tener / unos / amigos / que / despertarse / a / las / cinco / todos / los / días

_____

10. Mario / nos / recomendar / un / restaurante / que / estar / cerca / del / centro

_____

11. la / compañía / preferir / emplear / una / persona / que / poder / tomar / decisiones / con rapidez

_____

Gramática

8. Escribe las oraciones de nuevo en la forma negativa.

MODELO   Hay una librería cercana donde venden revistas de España.
No hay ninguna librería cercana donde vendan revistas de España.

1. Tenemos amigos que van a ese colegio.

_____

2. Tengo un libro con leyendas que tratan de duendes.

_____

3. Conozco a una chica que ha ido a Cuzco.

_____

4. Guillermo conoce un restaurante que sirve comida peruana.

_____

5. Tengo un amigo que conoció a Isabel Allende.

_____

6. Hay varios lugares donde los jóvenes pueden ir a divertirse.

_____

9. Completa las oraciones con cláusulas de relativo.

MODELO   Quisiera ir a un cine que **diera películas gratis.**

1. En esta clase no hay nadie que _____.

2. Nosotros buscábamos una computadora que _____.

3. Preferiría vivir en una ciudad que _____.

4. Los estudiantes desean un consejero a quien _____.

5. Me gustaría conocer a alguien que _____.

6. Quisiera encontrar un empleo que _____.

7. Si tienes una entrevista, yo te aconsejo que_____.

8. Deseo viajar a un lugar donde _____.

9. Me gustaría visitar un museo que _____.

Nuevas vistas Curso avanzado 2

Gramática

10. Imagina que vas a participar en un programa de intercambio que te permitirá vivir por un año con una familia en un país extranjero. Escribe un párrafo en el que describas el tipo de familia con la que te gustaría vivir. Incluye por lo menos cinco cláusulas de relativo.

_____

_____

_____

_____

_____

_____

_____

_____

_____

El subjuntivo en las cláusulas adverbiales

11. En cada oración, subraya las cláusulas adverbiales. Luego escribe una **X** solamente al lado de aquéllas que modifican una acción futura, dudosa o hipotética.

_____ **1.** La fiesta será el sábado para que todos puedan asistir.

_____ **2.** El restaurante siempre nos da un descuento cuando hacemos fiestas allí.

_____ **3.** No nos permiten reservar el salón sin que dejemos un depósito.

_____ **4.** Avísame cuando todos los preparativos ya estén listos.

_____ **5.** Los invitados vendrán tan pronto como puedan.

_____ **6.** Con tal de que no llueva, bailaremos afuera.

_____ **7.** La vez pasada, los músicos tocaron hasta que se fue el último invitado.

_____ **8.** Espero que vengas a la fiesta aunque estés cansado.

Gramática

12. Completa las oraciones con las conjunciones adverbiales del cuadro.

tan pronto como	después de que	aunque
para que	antes de que	en caso de que

1. Organiza la fiesta con anticipación _____ todo salga bien.

2. Invita a todos los miembros de la familia _____ no los conozcas a todos.

3. Alquila una carpa _____ llueva.

4. El día de la fiesta, trata de conversar con todos _____ se vayan.

5. Abre los regalos _____ se acabe la fiesta.

6. Envía tarjetas de agradecimiento _____ puedas.

13. Completa las oraciones con la forma correcta de los verbos entre paréntesis.

1. Aunque no _____ lo suficiente, Fernando presentó un buen examen. (estudiar)

2. Antes de que ellos _____, yo los llamé y les expliqué cómo llegar a la casa. (venir)

3. No vi las flores allí cuando _____ a mi cuarto. (entrar)

4. Te gustará mi vestido cuando me lo _____ puesto. (ver)

5. Vengan tan pronto como _____ posible a nuestro almacén

   para que _____ un gran descuento. (ser, recibir)

6. En cuanto Eugenia _____ el final de aquel relato, comenzó a llorar. (escuchar)

7. Sergio trabajará hasta que _____ el dinero suficiente para comprarse una motocicleta. (tener)

8. Después de que te _____, sonó el teléfono. (ir)

9. Con tal de que te _____ para el futuro, estoy dispuesto a ayudarte. (preparar)

10. Mónica dice que irá adonde le _____ la gana. (dar)

Gramática

14. Completa el párrafo con la forma correcta de los verbos entre paréntesis.

Mi abuelo solía contarme leyendas cuando yo **1.** _____

(ser) niño. Siempre me las contaba antes de que yo **2.** _____

(acostarse). En una ocasión me contó —como sólo él **3.** _____

(saber) contar— una leyenda sobre un coyote al que le gustaba mirar el cielo

estrellado cuando **4.** _____ (caer) la noche. Una noche decidió

disparar flechas con su arco hasta que una de ellas **5.** _____

(clavarse) en la luna. Fue disparando una tras otra hasta que finalmente las flechas

6. _____ (formar) una escalera. Después de que el coyote

7. _____ (subir) hasta la luna, disparó más flechas a las estrellas

para que **8.** _____ (cambiar) de lugar. Así, esa noche el coyote

acomodó las estrellas en forma de sus amigos —el oso, el caballo, el pez, el águila—

sin que nadie **9.** _____ (darse) cuenta... hasta la noche siguiente,

cuando el coyote **10.** _____ (dar) un aullido para que todos

11. _____ (ver) las nuevas constelaciones.

15. Completa las oraciones de forma lógica.

1. Te lo diré con tal de que _____.

2. Llámame esta noche a menos que _____.

3. Haz la tarea ahora para que _____.

4. Leía el libro mientras _____.

5. Lee mi carta en cuanto _____.

6. Nicolás iba a cantar sin que _____.

COLECCIÓN 5 • GRAMÁTICA

Gramática

· ·

16. Escribe un párrafo explicando cómo se hace algo: preparar una fiesta, estudiar para un examen o alistarse para un viaje al extranjero. Usa por lo menos cinco de las conjunciones del cuadro.

aunque	mientras	a menos que
como	cuando	después de que
en cuanto	antes de que	con tal de que
hasta que		

_____

_____

_____

_____

_____

_____

_____

_____

_____

_____

_____

_____

_____

_____

_____

_____

_____

_____

_____

Comparación y contraste

Las cláusulas de relativo con antecedentes indefinidos en español e inglés

17. Traduce las oraciones al inglés.

1. No había nadie que supiera de carpintería.

   _____

2. Los niños sueñan con un parque que tenga piscina.

   _____

3. ¿Conoces a alguien que quiera jugar al ajedrez?

   _____

4. Cristina no quiere comer nada que tenga queso.

   _____

5. Necesitan otro dependiente que trabaje en la caja.

   _____

6. Don Ignacio viajó por muchos años en busca de un lugar donde pudiera vivir en paz.

   _____

18. Traduce las oraciones al español.

1. I'm looking for a gym where I could train.

   _____

2. We don't need anyone to tell us what to do.

   _____

3. Is there anybody who wants to go swimming?

   _____

4. Do you have a friend that would help you study?

   _____

5. I couldn't find the words that would express how I felt.

   _____

6. Tell me something I don't already know.

   _____

COLECCIÓN 5 • GRAMÁTICA

Ortografía

. . . .

Letra y sonido

1. Completa las palabras con **c**, **s** o **z**.

1. ver___ión
2. halla___go
3. raci___mo
4. obede___ieron
5. competen___ia
6. pece___illo
7. cansan___io

8. rique___a
9. produ___ca
10. recep___ión
11. escase___
12. fa___etas
13. confian___a
14. preci___ión

15. admi___ión
16. humilla___ión
17. fragan___ia
18. ___anahoria
19. precio___as
20. actri___es
21. auda___

2. Completa las oraciones con **c**, **s** o **z**.

1. Debes ven___er tu timide___ y ser más persua___ivo.

2. Voy a tradu___ir las can___iones al francé___.

3. El joven___illo le dio un coda___o a su hermano por ser tan bromi___ta.

4. Su Excelen___ia el Embajador usaba americani___mos en la conversa___ión.

5. El niete___ito tuvo una infan___ia llena de aten___iones.

6. La actua___ión de ambas actri___es fue maravillo___a.

7. Aunque no lo pare___ca, condu___ir por las autopi___tas es dificilí___imo.

3. Completa las oraciones con la palabra correcta.

Palabras para escoger					
cede	cocer	casar	cazar	coser	sede

1. Carla no sabe ni _____ un botón.

2. Los novios se van a _____ por la iglesia.

3. Los hombres se han ido a _____ conejos.

4. La _____ de las Naciones Unidas está en Nueva York.

5. El conductor del automóvil _____ el paso a los peatones.

6. Después de sazonar el guiso, déjelo _____.

Ortografía

....

La acentuación

4. Pon un acento escrito en las palabras que lo necesiten.

  1. Siempre que nos reunimos, nos reimos mucho.

  2. Estabamos haciendo ejercicio mientras tú estabas de compras.

  3. ¿Quieres que vacie este recipiente donde siempre lo vaciamos?

  4. ¿Freiste la yuca en aceite o simplemente la cocinaste en agua?

  5. Quisiera que enviaras el dinero antes de que Carlos envie otro regalo.

  6. No te rias porque colecciono estampillas.

  7. Nosotros no vamos a continuar el viaje. ¿Continuan ustedes?

  8. El secretario renuncio de su puesto antes de que nosotros renunciaramos.

5. Completa las oraciones con la forma correcta del pretérito de los verbos entre paréntesis.

  1. Yo _____ que hoy teníamos clases. (creer)

  2. Nosotros lo _____ en el periódico. (leer)

  3. Mi sobrinito me _____ cuando me vio. (sonreír)

  4. Nosotros no _____ pero Yolanda sí _____. (reírse)

  5. Manolo _____ escribiendo poemas y nosotros _____ leyéndolos. (continuar)

  6. Beto te _____ flores al mismo tiempo que tú le _____ una carta de amor. (enviar)

  7. Tal vez yo _____ mal esa palabra, pero tú la _____ peor. (pronunciar)

  8. ¿Por qué no _____ tú cuando todo el público _____? (aplaudir)

  9. Raquel _____ a la puerta cuando tú _____ por teléfono. (tocar, llamar)

  10. Ellos _____ los recursos que tenían mientras Inés no _____ ninguno. (emplear)

COLECCIÓN 6 · Perspectivas humorísticas

de *Don Quijote de la Mancha* • Miguel de Cervantes

Vocabulario esencial

1. Determina cuál es la relación entre cada par de palabras. Escribe **A** si las palabras son antónimos o **S** si son sinónimos. Consulta un diccionario si es necesario.

_____ **1.** desaforado : controlado		_____ **6.** enemistad : amistad	
_____ **2.** maltrecho : en buen estado		_____ **7.** pesaroso : alegre	
_____ **3.** aposento : alojamiento		_____ **8.** ventura : suerte	
_____ **4.** fiero : violento		_____ **9.** vil : noble	
_____ **5.** trance : apuro		_____ **10.** mudanza : alteración	

2. Contesta las preguntas con oraciones completas, usando una de las palabras del cuadro.

Palabras para escoger					
socorrer	atender	tornar	arremeter	estar cursado	quitarse

1. ¿Qué piensa don Quijote cuando Sancho Panza le dice que lo que ven no son gigantes sino molinos de viento?

_____

_____

2. ¿Qué le dice don Quijote a Sancho que haga si tiene miedo?

_____

_____

3. ¿Cómo reacciona don Quijote a las voces de su escudero?

_____

_____

4. ¿Qué hace don Quijote después de encomendarse a su señora Dulcinea?

_____

_____

5. Después de ver a don Quijote y a Rocinante rodar por el campo, ¿qué hace Sancho?

_____

_____

6. ¿Qué hace don Quijote después de que Sancho lo ayuda a levantarse?

_____

_____

COLECCIÓN 6 · LECTURA

de *Don Quijote de la Mancha*

Comprensión del texto

3. Cervantes usa dos técnicas de la caracterización indirecta para crear un efecto cómico: (1) emplear las palabras y acciones del personaje y (2) mostrar las reacciones de otras personas hacia ese personaje. Completa el cuadro con los pensamientos de don Quijote y los pensamientos de Sancho Panza sobre cada evento.

Evento	Lo que piensa don Quijote	Lo que piensa Sancho Panza
1. Cuando ven los molinos de viento por primera vez.		
2. Cuando ven las aspas de los molinos.		
3. Cuando el viento mueve las aspas.		
4. Cuando Sancho le explica a don Quijote que son molinos.		
5. Cuando don Quijote ataca el primer molino.		
6. Cuando don Quijote se da cuenta que son molinos y no gigantes.		

Análisis del texto

4. Contesta las siguientes preguntas con oraciones completas.

1. El concepto de la realidad de don Quijote y el de Sancho Panza son muy diferentes. En tu opinión, ¿qué representa Sancho Panza y qué representa don Quijote?

_____

_____

2. ¿Por qué crees que Cervantes usa el personaje de Sancho Panza para burlarse de don Quijote, en vez de usar la voz del narrador omnisciente?

_____

_____

Nuevas vistas Curso avanzado 2

«El libro talonario» • Pedro Antonio de Alarcón

Vocabulario esencial

1. Busca la definición que corresponde a cada una de las palabras.

_____ 1. desatar

_____ 2. recaudador

_____ 3. precoz

_____ 4. encararse

_____ 5. regar

_____ 6. laboriosidad

a. echar agua a las plantas

b. aplicación al trabajo

c. hacerle frente a algo o alguien

d. persona encargada de cobrar dinero o impuestos públicos

e. deshacer una atadura

f. que madura antes de tiempo

2. Escribe en los espacios en blanco la palabra del cuadro que mejor corresponde a las palabras subrayadas. Cambia la forma de la palabra si es necesario.

Palabras para escoger			
angustia encorvado	recobrar esparcido	reconocer indisputable	hortelano asombro

_____ **1.** El tío Buscabeatas es un humilde <u>horticultor</u> que vive en Rota.

_____ **2.** El secreto de la productividad de las huertas roteñas es la arena pura salida del océano, soplada y <u>desparramada</u> sobre toda la región.

_____ **3.** Se dice que el hortelano de Rota se queda <u>con la espalda doblada</u> de tanto agacharse a tocar cada planta de su huerta.

_____ **4.** El tío Buscabeatas siente una gran <u>ansiedad</u> cuando sabe que es tiempo de cortar y vender sus calabazas.

_____ **5.** Al ver que sus queridas calabazas han sido robadas, el tío Buscabeatas examina su huerta con <u>sorpresa</u>.

_____ **6.** El tío Buscabeatas está seguro que el ladrón no trataría de vender las calabazas en Rota porque sabría que él de inmediato las <u>distinguiría</u>.

_____ **7.** El tío Buscabeatas decide ir a Cádiz para alcanzar al ladrón y <u>recuperar</u> sus queridas calabazas.

_____ **8.** El tío Buscabeatas dice que tiene pruebas <u>irrefutables</u> que las calabazas son las de su huerta.

COLECCIÓN 6 • LECTURA

«El libro talonario»

Comprensión del texto

3. En una **trama cómica,** la combinación de situaciones y personajes crea un efecto cómico. Completa el cuadro con ejemplos de acciones y sentimientos del tío Buscabeatas que pueden ser cómicos para el lector.

Aspectos cómicos del tío Buscabeatas
1.
2.
3.
4.
5.
6.
7.

Análisis del texto

4. Alarcón utiliza al tío Buscabeatas para crear un efecto cómico para el lector. ¿Con qué recurso literario logra ese efecto cómico?

_____

_____

_____

A leer por tu cuenta

«El soneto» • Lope de Vega

Crea significados

Primeras impresiones

1. Utiliza tres palabras para describir la personalidad del poeta.

_____
_____

Interpretaciones del texto

El soneto es una composición poética que tiene catorce versos de once sílabas distribuidas en dos cuartetos seguidos de dos tercetos. Los primeros ocho versos del soneto forman dos cuartetos, mientras que los últimos seis versos forman dos tercetos. Consulta el soneto para contestar las siguientes preguntas.

2. ¿Qué palabras riman en el primer cuarteto? ¿Se repite este patrón en el segundo cuarteto?

_____
_____

3. ¿Qué palabras riman en los dos tercetos? ¿Siguen éstos el mismo patrón de los cuartetos?

_____
_____

4. ¿Cuál es el conflicto del poeta? ¿Cómo lo resuelve?

_____
_____

Conexiones con el texto

5. ¿Has tenido alguna experiencia parecida a la de Lope de Vega en la cual tenías que escribir algo creativo como un ensayo, un cuento o un poema, y no sabías cómo empezar? ¿Cómo lograste hacerlo al final?

_____
_____

COLECCIÓN 6 • LECTURA

«El soneto»

Más allá del texto

6. Generalmente, el soneto se ha utilizado para escribir sobre temas como el amor
   y la muerte. Si tuvieras que escribir un soneto, ¿qué tema escogerías? ¿Por qué?

   _____

   _____

Vocabulario en contexto

1. Busca la definición que corresponde a cada una de las palabras.

_____ 1. espantar   **a.** creer algo a partir de ciertos indicios

_____ 2. hallar   **b.** apuro, conflicto

_____ 3. aprieto   **c.** causar miedo

_____ 4. sospechar   **d.** sin darse cuenta

_____ 5. burla burlando   **e.** dar con alguien o algo que se busca

2. Contesta las siguientes preguntas con oraciones completas.

1. ¿Qué haces cuando te encuentras en un aprieto?

   _____

2. Cuando sospechas que alguien te ha mentido, ¿qué haces?

   _____

3. ¿Alguna vez has espantado a un(a) amigo(a)? ¿Qué hiciste?

   _____

4. Si hallaras un pequeño baúl en la playa, ¿qué harías?

   _____

«El soneto»

Comprensión del texto

3. Lope de Vega se divirtió escribiendo un soneto. Ahora te toca a ti jugar con el lenguaje y crear tu propio poema visual. Primero piensa en una oración de por lo menos cinco palabras. Luego, en el siguiente cuadro, escribe la oración en forma del objeto del cual estás escribiendo.

MODELO

La ssserrrpiente ebus y baja la mmmonntaaññaa una y otra vez

Análisis del texto

4. Ya que has escrito tu propio poema visual, ¿crees que es más fácil crear un poema estructurado o uno que no siga ninguna regla? ¿Por qué?

_____

_____

_____

COLECCIÓN 6 · LECTURA

Vocabulario esencial

1. Busca la definición que corresponde a cada una de las palabras de *Don Quijote de la Mancha*.

_____ **1.** desaforado

_____ **2.** atender

_____ **3.** tornar

_____ **4.** mudanza

_____ **5.** pesaroso

_____ **6.** estar cursado

_____ **7.** maltrecho

_____ **8.** vil

a. prestar atención

b. despreciable, bajo, infame

c. arrepentido, triste, preocupado

d. maltratado, lastimado

e. alteración, cambio

f. estar versado, experimentado

g. dar vuelta, regresar

h. que actúa sin ley ni fuero, desenfrenado

2. Completa las oraciones con las palabras que faltan de *Don Quijote de la Mancha*. Cambia la forma de la palabra si es necesario.

Palabras para escoger					
enemistad	fiero	trance	socorrer	arremeter	vencimiento
aposento	galope	ventura	legua	lanza	

1. Al anochecer, el batallón estaba a menos de una _____ del campo de batalla y decidió buscar _____ en los terrenos del conde.

2. Al alba, el batallón de la caballería _____ contra las fuerzas enemigas a todo _____.

3. Había una gran _____ entre las fuerzas del reino y los invasores, en parte por cosas que ya habían sucedido.

4. Tras el _____ desagradable de esa _____ batalla, el capitán mandó _____ a los heridos.

5. Los sobrevivientes de las fuerzas enemigas huyeron del campo de batalla con tan gran prisa que algunos dejaron sus _____ y escudos.

6. El _____ de las tropas invasoras se logró, por _____, a último momento.

Nuevas vistas Curso avanzado 2

Vocabulario esencial

3. Escribe en los espacios en blanco la palabra de «El libro talonario» que mejor completa las oraciones.

1. La maestra observó a la niñita _____ con _____ cuando ésta le demostró que sabía restar y dividir.
   a. precoz, asombro   **b.** encorvada, angustia   **c.** indisputable, laboriosidad

2. El malvado amenazaba con ir a _____ el _____ de víboras.
   a. regar, tallo   **b.** desatar, saco   **c.** reconocer, pozo

3. El padre _____ cuando le dijeron que su hijo no iba a

   _____ el conocimiento.
   a. regó, reconocer   **b.** desató, encararse   **c.** suspiró, recobrar

4. Le entregó todos los _____ al _____ como prueba de que no había evadido los impuestos.
   a. tallos, hortelano   **b.** barcos de carga, espectador   **c.** talonarios, recaudador

5. Aunque le provocó _____, tuvo que _____ con el problema.
   a. angustia, encararse   **b.** laboriosidad, desatar   **c.** asombro, rodar

6. Según _____, «Quien _____, recoge».
   a. el abono, reconoce   **b.** el proverbio, siembra   **c.** la huerta, riega

Mejora tu vocabulario

4. Completa las oraciones con las palabras que faltan, usando una palabra del cuadro que comparte la misma raíz latina de las palabras subrayadas.

Palabras para escoger				
fuga	integración	equilibrio	acuario	manuscribir

1. Andan buscando a un <u>fugitivo</u> de 30 años, pelirrojo y barbudo. ¿Sabes por qué

   emprendió la _____?

2. Hubo una excelente _____ en la labor de arquitectos e ingenieros. Por eso quedó <u>íntegro</u> el castillo después de la renovación.

3. Existe un _____ en la naturaleza entre los seres vivientes y los recursos que éstos requieren, mas eso no significa que existan en números <u>equivalentes</u>.

4. Visitamos el _____ que hicieron hace dos años. No sólo tienen peces sino también muchos otros tipos de plantas y animales <u>acuáticos</u>.

5. ¿Viste los <u>manuscritos</u> del siglo XIII expuestos en el museo? No me alcanzo a imaginar

   cuánto tiempo tardaron los monjes en _____ aquellos tomos.

COLECCIÓN 6 • VOCABULARIO

Gramática

El aspecto: repaso y ampliación

1. Lee la siguiente carta y subraya los verbos o las frases verbales. Luego escribe cada verbo o frase verbal en la columna apropiada.

Querida Mabel,

¡Hola! ¿Cómo estás? ¿Ya te has acostumbrado a tu nuevo hogar? Lamento mucho no haberte escrito antes, pero ya sabes, estoy entrenándome para la competencia de escalada deportiva. Todas las mañanas voy al gimnasio por dos horas y los fines de semana escalo el cerro Negro. El jurado evaluará tanto mi técnica como el tiempo que tarde en llegar a la cima. Por eso necesito estar en plena forma. El otro día escalé la ladera occidental en 45 minutos pero quiero hacerlo en 30. ¡Deséame suerte!

Tu amigo,

Alejandro

Perfectivo	Imperfectivo	Progresivo

El aspecto perfectivo

2. En cada oración, subraya el verbo que expresa el aspecto perfectivo. Luego explica por qué se usa ese aspecto.

MODELO Ayer _vi_ una película muy cómica.
Se refiere a una acción finalizada ayer.

1. Mis padres se conocieron en la universidad.

_____

2. Mi padre estudiaba en la biblioteca cuando vio a mi madre.

_____

3. En aquel instante, él supo que ella sería su esposa.

_____

Gramática

4. Cuentan que los dos platicaron hasta el amanecer.

_____

5. Mis padres estuvieron casados por veinte años.

_____

6. Ahora viven separados pero ninguno se ha vuelto a casar.

_____

El aspecto imperfectivo

3. En cada oración, subraya el verbo que expresa el aspecto imperfectivo. Luego explica por qué se usa ese aspecto.

MODELO   El tren <u>saldrá</u> con unos minutos de retraso.
Expresa una acción futura.

I. Los campos se visten de flores en la primavera.

_____

2. Melisa está triste porque no fuiste a su fiesta.

_____

3. Dijeron por la radio que llovería esta noche.

_____

4. El año pasado, Carmen iba al cine todos los viernes.

_____

5. Miguel de Cervantes siempre estaba en apuros de dinero.

_____

6. No recuerdo la última vez que me reí tanto.

_____

COLECCIÓN 6 · GRAMÁTICA

Gramática

• •

4. Completa el párrafo con las formas apropiadas de los verbos entre paréntesis. Decide si debes usar las formas perfectivas o las imperfectivas, según el contexto.

1. _____ (Haber) una vez un príncipe árabe que no

2. _____ (ser) feliz. Un día, **3.** _____ (consultar)

con un sabio que le **4.** _____ (decir) que la manera infalible

de conseguir la felicidad era el ponerse la camisa de un hombre feliz. El príncipe

5. _____ (recorrer) todas las capitales del mundo.

6. _____ (Probarse) las camisas de reyes, emperadores, príncipes

y guerreros pero aún **7.** _____ (sentirse) triste. Finalmente,

8. _____ (ver) a un campesino que **9.** _____

(labrar) la tierra, contento y cantante. —¡Dame tu camisa! —le

10. _____ (suplicar) el príncipe, pero el labrador

11. _____ (contestar): —¿Camisa? No tengo ni una.

5. Completa las oraciones de forma lógica. Luego indica si usaste el aspecto **perfectivo** o el **imperfectivo**.

MODELO   perfectivo   A las siete y media **saqué al perro a pasear.**

_____ **1.** Dentro de un año _____.

_____ **2.** Cuando me desperté _____.

_____ **3.** Mis amigos nunca _____.

_____ **4.** Aquel verano _____.

_____ **5.** De joven, _____.

_____ **6.** Después de ir al cine _____.

_____ **7.** Cuando tenía siete años, _____.

_____ **8.** La semana pasada, _____.

Gramática

El aspecto progresivo

6. Completa el diálogo con la forma correcta de los verbos entre paréntesis.

RAQUEL ¿Qué **1.** (hace/está haciendo) Tomás después de sus clases?

ENRIQUE Generalmente Tomás y yo **2.** (jugamos/estamos jugando) al fútbol pero en este momento él **3.** (estudia/está estudiando) en casa.

RAQUEL **4.** (Me tomas/Me estás tomando) el pelo, ¿verdad?

ENRIQUE No, Raquel. De hecho, Tomás **5.** (estuvo leyendo/estaba leyendo) su libro de historia cuando **6.** (pasé/estuve pasando) por su casa hace unos minutos. Ayer también **7.** (estudió/estaba estudiando) toda la tarde.

RAQUEL Pues, yo **8.** (pensaba/estaba pensando) que a Tomás no le gustaba la historia.

ENRIQUE Es cierto, pero Tomás **9.** (quiere/está queriendo) sacar buenas notas en el próximo examen.

7. Completa el párrafo con la forma correcta de **estar.** Usa el imperfecto progresivo o el pretérito progresivo.

¡Qué día el de ayer! Por la mañana, yo aún **1.** _____ durmiendo cuando el camión de la basura me despertó. Luego, cuando me **2.** _____ bañando, se me acabó el agua caliente. Para colmo, la luz se fue y yo, como un tonto, me **3.** _____ esperando delante del tostador durante media hora. Pero eso no fue todo. **4.** _____ conduciendo al trabajo cuando un motociclista se me atravesó en el camino y chocamos. El motociclista y yo nos **5.** _____ esperando a la policía durante dos horas. Cuando finalmente llegué a mi trabajo, mi jefe **6.** _____ dejándome este mensaje en el contestador: «Estás despedido».

COLECCIÓN 6 • GRAMÁTICA

Gramática

8. Completa las oraciones con el verbo auxiliar más apropiado, según el contexto.

Palabras para escoger				
anda	lleva	pasa	va	viene

I. Gerardo _____ buscando trabajo.

2. Los fines de semana se la _____ leyendo los anuncios clasificados.

3. Desde enero _____ diciendo que quiere trabajar.

4. Ya _____ dos meses esperando una entrevista.

5. Poco a poco _____ dándose cuenta que no es fácil el encontrar empleo.

9. Combina los elementos para formar oraciones completas. Usa cualquiera de los tiempos progresivos, según el contexto.

MODELO Manolo / nadar / de seis a ocho
Manolo estuvo nadando de seis a ocho.

I. a las ocho / yo / leer / un cuento / a mis hermanitos

_____

2. ahora mismo / Rafael / mirar / la televisión

_____

3. nosotros / jugar / al dominó / cuando llamaste

_____

4. Mercedes / caminar / toda la tarde

_____

5. ¿qué / hacer / tú / en este momento?

_____

6. Rosa y Genaro / bailar / hasta la medianoche

_____

Gramática

10. Completa las oraciones sobre *Don Quijote*. Asegúrate que el verbo exprese el aspecto apropiado.

    MODELO   Cada vez que leo *Don Quijote* **me acuerdo de mi tío que es muy idealista.**

    I. La primera vez que leí *Don Quijote* _____

    _____

    2. Ahora mismo, nuestra clase de español _____

    _____

    3. Cuando don Quijote quiso luchar contra los molinos de viento, _____

    _____

    4. Poco a poco, don Quijote_____

    _____

    5. Me imagino que al final del libro, _____

    _____

11. Imagina que hubo una reunión del consejo estudiantil en tu escuela ayer entre las seis de la tarde y las ocho de la noche. Para comprobar tu asistencia, escribe cinco oraciones que describan lo que estuviste haciendo durante esas horas. Usa el tiempo y el aspecto apropiados.

    I. _____

    2. _____

    3. _____

    4. _____

    5. _____

COLECCIÓN 6 · GRAMÁTICA

Gramática

12. Escribe un párrafo resumiendo una novela, una película o una obra teatral humorística. Usa los tres aspectos verbales según sea necesario. Puedes utilizar las siguientes preguntas como guía.

1. ¿Cómo se llama la obra?

2. ¿Por qué te pareció divertida?

3. ¿Cómo era el personaje principal?

4. ¿Cuál era el conflicto?

5. ¿Recuerdas un suceso cómico? ¿Qué estaba pasando en la obra en ese momento?

6. Por cuánto tiempo estuvieron envueltos los personajes en la situación cómica?

7. ¿Cómo terminó la obra?

Comparación y contraste

El imperfecto y el pretérito progresivo en español

13. Completa las oraciones con el imperfecto o el pretérito progresivo para darles el significado de la expresión entre paréntesis.

1. Javier (estaba/estuvo) remando hasta cruzar el lago. *(rowed and rowed)*

2. ¿Qué (estabas/estuviste) haciendo en Madrid el año pasado? *(were doing)*

3. Los tres amigos (estaban/estuvieron) caminando por la alameda. *(spent their time walking)*

4. (Estaba/Estuve) sacando fotos de las estatuas del pueblo cuando empezó a llover. *(was taking pictures)*

5. Es verdad que (estaba/estuve) estudiando. *(was studying for hours)*

6. (Estaba/Estuve) tocando el timbre. *(rang several times)*

14. Traduce las oraciones al inglés.

1. Estuvo lloviendo sin cesar durante tres días y tres noches.

   _____

2. Estábamos regresando a casa cuando se nos reventó una llanta.

   _____

3. Tatiana estuvo llamándote hasta que se dio por vencida.

   _____

15. Traduce las oraciones al español.

1. David spent the summer learning how to fly an airplane.

   _____

2. I was getting dressed when the first guest came.

   _____

3. We pushed and pushed the car but it didn't budge.

   _____

COLECCIÓN 6 · GRAMÁTICA

Ortografía

Letra y sonido

1. Completa las oraciones con **e** o **i**.

1. Para cr___ar un efecto visual, primero color___a la superficie de negro.

2. Iba pas___ando por el jardín cuando una persona me dijo que no fotograf___e las orquídeas.

3. Me pasé el verano vagabund___ando por el mundo y surf___ando en las playas más bonitas.

4. Por brom___ar, Alejandra fals___ó mi firma y me metió en un lío.

5. Rubén renunc___ó por completo a hacer deporte después de haber box___ado por cinco años.

6. No se permite parqu___ar en la calle mientras la limp___an.

7. Los muchachos se pat___aron y se golp___aron varias veces.

8. Andrés, que siempre le gusta galant___ar con Irene, sigue obsequ___ándole rosas.

2. Escribe el verbo que termina en **-ear** según la definición dada.

1. de «hamaca»; mecer ___ ___ ___ ___ ___ ___ ___ <u>e</u> <u>a</u> <u>r</u>

2. apreciar el sabor de una comida o bebida ___ ___ ___ ___ ___ ___ <u>e</u> <u>a</u> <u>r</u>

3. morder ligeramente ___ ___ ___ ___ ___ ___ ___ <u>e</u> <u>a</u> <u>r</u>

4. de «flaco»; mostrarse débil ___ ___ ___ ___ ___ <u>e</u> <u>a</u> <u>r</u>

5. de «bloque»; interceptar ___ ___ ___ ___ ___ <u>e</u> <u>a</u> <u>r</u>

6. hacer ondas ___ ___ ___ <u>e</u> <u>a</u> <u>r</u>

3. Muchos de los anglicismos comunes del habla española se refieren a las computadoras. Al lado de cada término en inglés, escribe el verbo en español que se deriva de éste.

MODELO *to print* <u>p</u> <u>r</u> <u>i</u> <u>n</u> <u>t</u> <u>e</u> <u>a</u> <u>r</u>

1. *to click* ___ ___ ___ ___ ___ ___ ___ ___

2. *to format* ___ ___ ___ ___ ___ ___ ___ ___ ___

3. *to fax* ___ ___ ___ ___ ___ ___ ___

4. *to chat* ___ ___ ___ ___ ___ ___ ___

5. *to check* ___ ___ ___ ___ ___ ___ ___ ___

Ortografía

La acentuación

4. Completa las oraciones con la palabra correcta.

1. Ellos querían que tú (probaras/probarás) el plato del día.

2. La autora (público/publicó) varios cuentos infantiles.

3. Los novios se (casaran/casarán) la próxima semana.

4. (Calculo/Calculó) yo que hay más de doscientos invitados.

5. El cazador (amo/amó) mucho a la princesa azteca.

6. Como castigo, la diosa (lleno/llenó) el mundo de agua.

7. ¿Cuándo te (compraras/comprarás) una nueva bicicleta?

8. Le ruego que se (quede/quedé) más tiempo en la aldea.

5. Encierra en un círculo la palabra que mejor corresponde a cada definición.

1. dueño o poseedor   **a.** amo   **b.** amó

2. el futuro del verbo «cantar»   **a.** cantara   **b.** cantará

3. mezclar una cosa dándole vueltas   **a.** revolver   **b.** revólver

4. el subjuntivo del verbo «necesitar»   **a.** necesitara   **b.** necesitará

5. cuando pronuncio claramente   **a.** articulo   **b.** artículo

6. famoso o reputado   **a.** celebre   **b.** célebre

7. el pretérito del verbo «preguntar»   **a.** pregunte   **b.** pregunté

6. Pon un acento escrito en las palabras que lo necesiten.

1. Con las lluvias el arroyo aumento su caudal.

2. Espero que encuentre un telefono publico.

3. El congreso se llenara si avisamos que hablara el Rey.

4. Estaba lleno de euforia cuando la sala se lleno.

5. Hubo un aumento en el precio de los articulos de cuero.

6. Mario espero dos horas sin perder el animo.

7. Patricia le pidio que contara un chiste.

Ampliación:

Vocabulario adicional

Hojas de práctica

Esfuerzos heroicos

Vocabulario adicional

1. Busca la definición que corresponde a cada una de las palabras de *Autobiografía de un esclavo* y «En la noche».

_____ 1. fracasar

_____ 2. suspiro

_____ 3. aprovechar

_____ 4. cobrar

_____ 5. perjudicar

_____ 6. parir

_____ 7. emprender

_____ 8. transcurrir

_____ 9. titubear

_____10. bastar

a. causar daño a alguien

b. pasar el tiempo

c. empezar, comenzar

d. vacilar, no estar seguro

e. recibir una cantidad de dinero como pago de algo

f. dar a luz

g. ser suficiente

h. frustrarse un proyecto, salir mal

i. servir de beneficio una cosa, emplear útilmente una cosa

j. aspiración lenta y prolongada que denota generalmente alguna emoción

2. Las siguientes preguntas usan palabras de «Trabajo de campo». Contéstalas con oraciones completas.

1. En alguna ocasión, ¿has tenido que <u>consolar</u> a un(a) amigo(a)? ¿Qué le pasaba?

_____

2. ¿Qué haces cuando sientes <u>comezón</u> en la espalda?

_____

3. ¿Alguna vez has sentido <u>lástima</u> por algo o alguien? ¿Por qué?

_____

4. ¿Hasta cuándo crees que los padres están obligados a <u>mantener</u> a sus hijos?

_____

5. Además del frío, ¿qué más puede hacer <u>temblar</u> a una persona?

_____

Hoja de práctica 1-A • Gramática

Más sobre los pronombres de sujeto

1. Completa las oraciones con el pronombre de sujeto apropiado. Si no se necesita ninguno, escribe una **X**.

I. Si _____ estás preocupado por el futuro de nuestros cerros, participa en la protesta.

2. Este viernes, _____ vamos a desfilar enfrente de la alcaldía.

3. _____ quieren construir casas en el cerro.

4. ¡_____ no quiero que se talen los árboles del cerro!

5. ¿Te acuerdas _____ del terremoto en El Salvador?

6. _____ aseguran que las casas no se deslizarán en un terremoto

pero esa afirmación no la creemos _____.

2. Escribe la siguiente carta de nuevo, eliminando los pronombres de sujeto que no hacen falta.

Estimado doctor Jiménez,
Por medio de esta carta, yo le quiero hacer llegar un cordial saludo y pedirle su colaboración. El colegio quiere organizar un homenaje al profesor David Flores: él ha sido galardonado con el Premio Nacional de Poesía. Nosotros sabemos que Uds. son viejos amigos. Es por eso que nosotros deseamos que Ud. dé un discurso el día 9 de octubre. Si Ud. accede, yo le agradecería que se pusiera Ud. en comunicación con el encargado del homenaje. Él se llama Gabriel Ríos y su teléfono es el 544-32-84. Nosotros estamos seguros de su respuesta positiva.
Atentamente,
Ana María García

_____

_____

_____

_____

_____

_____

_____

_____

Hoja de práctica 1-B • Gramática

Variantes de la segunda persona

1. La siguiente invitación es de España. Escríbela de nuevo como si fuera una invitación de Latinoamérica, usando el pronombre de segunda persona apropiado.

> Queridos amigos,
> Vosotros estáis cordialmente invitados a mi fiesta de cumpleaños, el día 14 de septiembre. Será en el Club Social, entonces traed trajes de baño. Si no podéis asistir, por favor, llamadme.

_____

_____

_____

_____

2. El siguiente anuncio es de Puerto Rico. Escríbelo de nuevo como si fuera un anuncio de Argentina, usando el pronombre de segunda persona apropiado.

> Tú puedes prevenir el costo de las llamadas antes de realizarlas con las tarjetas prepagadas de VOZ. Llama desde tu celular en cualquier lugar donde te encuentres. Con la tarjeta, tú no necesitas usar monedas. ¿Qué esperas? ¡Solicita hoy mismo la tarjeta VOZ y recibe 10 minutos de larga distancia gratis!

_____

_____

_____

3. El siguiente boletín es para el público colombiano. Escríbelo de nuevo usando un pronombre de segunda persona más formal.

> En caso de una tormenta, ten cuidado cuando salgas, especialmente si ves que hay ramas de árboles en el suelo. Si tú ves una línea de alta tensión caída, supón que está electrificada y no te acerques.

_____

_____

_____

_____

Hoja de práctica 1-C · Gramática

Más sobre los pronombres complementarios

1. Completa las oraciones con el pronombre complementario correcto.

1. No sé qué hacer con estos zapatos, pues no (los/les) puedo devolver.

2. No (la/le) deberías de pegar a la niña por desobediente.

3. Pensé en Juan ayer pero no (lo/le) llamé.

4. Anoche vi la nueva película pero no (la/le) recomiendo.

5. A Daniela y Raquel (las/les) di mi palabra de honor.

6. No (los/les) dije nada a tus padres.

2. Contesta las preguntas afirmativamente.

MODELO ¿La llamo?
Sí, llámala.

1. ¿Los saludamos? _____

2. ¿Se lo digo a él? _____

3. ¿Te lo muestro? _____

4. ¿Las llevamos a casa? _____

5. ¿Los rompo? _____

6. ¿Te decimos la respuesta? _____

3. Corrige el mal uso de los pronombres en las oraciones y haz los otros cambios necesarios.

1. Alcáncemen esa botella y ayúdemen a abrirle.

_____

2. Díceselo a Octavio tan pronto como le veas.

_____

3. Cuéntasno lo que la regalaste a Paloma.

_____

4. Acordémosno que debemos llamar a Rogelio para felicitarle.

_____

Hoja de práctica 1-D · Gramática

Más sobre los pronombres reflexivos

1. Traduce las oraciones al español.

1. They hugged and kissed each other, then they said goodbye.

_____

2. Don't worry, Alex didn't eat all the pizza.

_____

3. As soon as Natalia woke up, she regretted having laughed at Franco.

_____

4. Mom worries when Max and I don't talk to each other.

_____

5. Do you get angry when I can't make up my mind?

_____

2. Traduce las oraciones al inglés.

1. Mis hermanos nunca se dicen mentiras.

_____

2. Se lo tragó y luego se desmayó.

_____

3. No nos dimos cuenta que ellos se amaban.

_____

4. Teresa se enfermó porque se comió todas las galletas.

_____

5. Me acerqué a la casa pero no me atreví a entrar.

_____

COLECCIÓN 1 • AMPLIACIÓN

Hoja de práctica 1-E • Ortografía

La sinalefa y el enlace

1. Completa las oraciones con la palabra o frase correcta.

I. Fuimos de paseo en _____ por toda la bahía.
   a. la ancha   **b.** lancha

2. Nuestra clase no quiere _____ el proyecto.
   a. a ser   **b.** hacer

3. Mi amiga se fue a Alaska _____ la aurora boreal.
   a. a ver   **b.** haber

4. _____ nada en todo el verano.
   a. No he hecho   **b.** Noé echó

5. Todos queremos _____ de chocolate.
   a. el lado   **b.** helado

2. Escribe las oraciones de nuevo, corrigiendo los errores ortográficos.

I. ¿Ya les atendido el mesero ques nuevo?

_____

2. Jaime va alumbrar lalcoba principal.

_____

3. ¿Qué quieres a ser después destudiar?

_____

4. Roxana va Valencia haber las Fallas.

_____

5. ¿Qué hecho yo para hacerte nojar?

_____

6. Planeamos a ser una fiesta en lalberca.

_____

COLECCIÓN 2

Lazos de amistad

Vocabulario adicional

1. Busca la definición que corresponde a cada una de las palabras de «Cadena rota» y «Naranjas».

_____ 1. arrugar

_____ 2. alineado

_____ 3. cumplir

_____ 4. colgar

_____ 5. fijarse

_____ 6. lucir

_____ 7. arder

_____ 8. suponer

_____ 9. pasillo

_____10. pelar

a. puesto en línea

b. poner atención en una cosa

c. ejecutar, llevar a cabo

d. quitar la cáscara a la fruta

e. suspender una cosa de otra

f. hacer pliegues en la piel o en la superficie del tejido

g. dar por sentada una cosa, poner por hipótesis

h. resplandecer, distinguirse, sobresalir en algo, vestir bien

i. consumirse con el fuego una cosa

j. pieza de paso, larga y angosta, de cualquier edificio

2. Las siguientes preguntas usan palabras de «Una carta a Dios». Contéstalas con oraciones completas.

1. ¿Depositarías un sobre con documentos importantes en un <u>buzón</u>? ¿Por qué sí o por qué no?

_____

2. ¿Alguna vez has visto una nube de <u>langostas</u>?

_____

3. ¿Te gusta coleccionar <u>monedas</u> de países extranjeros? ¿Por qué?

_____

4. ¿Recuerdas la primera vez que sentiste una <u>desilusión</u>? ¿Qué pasó?

_____

5. Si se te mancha de <u>tinta</u> la ropa, ¿cómo se puede quitar?

_____

COLECCIÓN 2 • AMPLIACIÓN

Hoja de práctica 2-A • Ortografía

Confusión entre las terminaciones -ío/-ía e -illo/-illa

1. Completa las oraciones con **-ío, -ía, -illo** o **-illa.**

1. Mis antepasados llevaban una vida senc_____.

2. Ahora estamos estudiando la geograf_____ de Brasil.

3. Aunque Marisela no lo admit_____, le gustaba estudiar.

4. El chiqu_____ se puso a llorar cuando vio al payaso.

5. Fuimos de compras porque la refrigeradora estaba vac_____.

6. Corta la carne con este cuch_____.

7. No oí al árbitro con el griter_____ de los aficionados.

8. Don Alonso compra trajes hechos a la medida en esta sastrer_____.

2. Escribe las oraciones de nuevo, corrigiendo los errores ortográficos.

1. Compró los aníos de matrimonio en una joyerilla fina.

_____

2. Este librío de astronomilla es millo.

_____

3. Mi madre es de ascendencia judilla.

_____

4. El castío, que es una maravía, me dio escalofrillos.

_____

5. La guerría todavía no tiene la suficiente artillerilla.

_____

6. Manuel, que crilla caballos, me vendió un trío de potríos.

_____

El frágil medio ambiente

Vocabulario adicional

1. Busca la definición que corresponde a cada una de las palabras de «La fiesta del árbol», «Árbol adentro», «Paisaje» y «Meciendo».

_____ **1.** luminoso

_____ **2.** amparo

_____ **3.** dicha

_____ **4.** disminuir

_____ **5.** acercarse

_____ **6.** olivar

_____ **7.** millar

_____ **8.** encender

_____ **9.** ternura

_____ **10.** reposo

a. descanso

b. abrigo, defensa, auxilio

c. felicidad, suerte

d. aproximarse, arrimarse

e. terreno plantado de olivos

f. expresión y actitud de cariño, afecto y amistad

g. conjunto de mil unidades, gran cantidad

h. que despide luz o que está muy iluminado

i. prender luz o fuego, inflamar, incitar, enardecer

j. hacer menor la extensión, intensidad o número de una cosa

2. Las siguientes preguntas usan palabras de «Las abejas de bronce». Contéstalas con oraciones completas.

1. ¿Siempre <u>te entiendes</u> bien con todos tus compañeros de clase?

_____

2. ¿Qué sientes cuando oyes a una abeja <u>zumbar</u> cerca de tu oído?

_____

3. ¿Qué haces si no te <u>alcanza</u> el dinero para comprar lo que quieres?

_____

4. ¿Alguna vez has visto un <u>panal</u> de cerca?

_____

5. Si se dice que alguien se fue <u>rugiendo</u>, ¿cómo crees que esa persona se sentía?

_____

Hoja de práctica 3-A • Gramática

Más sobre *se* como pronombre de complemento indirecto

1. Contesta las preguntas afirmativamente usando pronombres de complemento.

    MODELO   ¿Le presto mi estéreo?
                Sí, préstaselo.

1. ¿Les mando unas tarjetas postales? _____

2. ¿Le vendo mi bicicleta? _____

3. ¿Le digo nuestro secreto? _____

4. ¿Les presento a mi amiga? _____

5. ¿Le ofrezco unas galletas? _____

6. ¿Les compro flores? _____

7. ¿Les cuido el gato? _____

8. ¿Le doy permiso? _____

2. Corrige el mal uso de los pronombres en las oraciones y haz los otros cambios necesarios.

1. Zoraida no leyóselas a su amiga.

_____

2. Pídelelas a Joaquín, que tiene muchas.

_____

3. Muéstraselo pero no véndaselo.

_____

4. Si quieres, díceselo.

_____

5. Finalmente, los chicos les lo consiguieron.

_____

6. Hoy no se quiero prestarlo a nadie.

_____

7. ¿Por qué no cuídaselos un ratito?

_____

Hoja de práctica 3-B • Ortografía

Las letras *b*, *d* y *g* intervocálicas

1. Completa los verbos con b, d o g.

1. enviu___ar
2. ce___er
3. aca___ar
4. va___abundear
5. su___ir
6. ma___o

7. a___uardar
8. sacu___ir
9. nave___ar
10. persua___ir
11. transcri___ir
12. entre___ar

2. Escribe las oraciones de nuevo, corrigiendo los errores ortográficos.

1. Los murciégalos son mamíferos volaores.

_____

2. Se pasan el día colgaos cabeza agajo.

_____

3. Mi agüelita les tenía mucho mieyo.

_____

4. Ella creía que toos chupagan sangre humana.

_____

5. Una ez visitó una caerna en Nuego México.

_____

6. Allí aprendió que los murciégalos son güenos.

_____

7. Al comer fruta, ellos ayuan a progapar las semillas.

_____

COLECCIÓN 3 • AMPLIACIÓN

Hoja de práctica 3-C • Ortografía

Confusión entre los sonidos /p/ o /b/ y /k/ o /g/

1. Completa las oraciones con la palabra correcta.

I. La película es una _____ que abarca cuatro generaciones.
   a. saca   **b.** saga

2. Mis abuelos viven en una _____ grande de dos pisos.
   a. casa   **b.** gasa

3. El equipaje no debe _____ más de 50 kilos.
   a. besar   **b.** pesar

4. Ata al becerro con esta _____ para que no se escape.
   a. soca   **b.** soga

5. Necesito una _____ de mantequilla para hacer el pastel.
   a. barra   **b.** parra

6. Limpió las ventanas con un _____ viejo.
   a. trabo   **b.** trapo

2. Escribe las oraciones de nuevo, corrigiendo los errores ortográficos.

I. Los bosgues nuposos de Monteverde se enguentran en Costa Riga.

_____

2. Aguí hay árpoles adornados con orguídeas, helechos y muscos.

_____

3. Tampién posee riachuelos gristalinos con rábidos y gascadas.

_____

4. Sus hapitantes ingluyen el jacuar, el sabo dorado, el tapir y el guetzal.

_____

5. En 1972 se estapleció un refuquio de vida silpestre.

_____

Hoja de práctica 3-D • Ortografía

Metátesis de diptongos

1. Completa las oraciones con la palabra correcta.

  I. Perro que ladra no (meurde/muerde).

  2. A caballo regalado no le mires el (diente/deinte).

  3. Mal de muchos, (conseulo/consuelo) de tontos.

  4. Haz (meil/miel) y te comerán las moscas.

  5. La práctica hace al (maestro/meastro).

  6. Ojos que no ven, corazón que no (seinte/siente).

2. Escribe las oraciones de nuevo, corrigiendo los errores ortográficos.

  I. Es neustro deber proteger el medio ambeinte.

  _____

  2. En las cuidades hay demasaida contaminación ambeintal.

  _____

  3. Nos preocupa que peinsen construir barrois residencailes en los cerros.

  _____

  4. Es una vergeunza la tala de árboles en los bosques lluvoisos.

  _____

  5. Hay tambeín muchas especeis de animales en vía de extinción.

  _____

  6. ¿Por qué no nos ruenimos el méircoles en un lugar familair?

  _____

  7. Hay que actaur ahora para asegurar la caulidad de vida de neustros neitos.

  _____

COLECCIÓN 3 • AMPLIACIÓN

COLECCIÓN 4

Pruebas

Vocabulario adicional

1. Busca la definición que corresponde a cada una de las palabras de *El anillo del general Macías* y «Cajas de cartón».

_____ **1.** desperdiciar

_____ **2.** estremecer

_____ **3.** hervir

_____ **4.** sorbo

_____ **5.** desmayo

_____ **6.** sumido

_____ **7.** brindis

_____ **8.** tenue

_____ **9.** cima

_____ **10.** pupitre

a. hundido

b. calentar hasta la ebullición

c. conmover, temblar repentinamente

d. cumbre de una montaña, de un árbol, etc.

e. cantidad pequeña de un líquido

f. malgastar, emplear mal una cosa

g. delicado, delgado, de poca importancia

h. acción y efecto de perder el sentido

i. acción de beber por la salud de alguien

j. mueble de madera en forma de plano inclinado, que sirve para escribir

2. Las siguientes preguntas usan palabras de «Los dos reyes y los dos laberintos». Contéstalas con oraciones completas.

1. ¿Qué te parece más emocionante, <u>cabalgar</u> por el campo o por las montañas?

_____

2. ¿Crees que por su edad, una persona debe ser <u>digna</u> de respeto?

_____

3. Si alguna vez viste una presentación de <u>magos</u>, ¿qué truco fue el que más te impresionó?

_____

4. ¿Por qué razones podría hacerse <u>derribar</u> una casa o un edificio?

_____

5. ¿Siempre te <u>desatas</u> las cintas antes de quitarte los tenis?

_____

Hoja de práctica 4-A • Gramática

Más sobre el pronombre relativo *cuyo*

1. Combina cada par de oraciones en una sola, usando la forma adecuada de **cuyo.**

1. Ése es el hombre. Su esposa escaló la montaña.

_____

2. Te presento a los señores. Su casa está junto a la mía.

_____

3. Me impresionó el niño. Su inteligencia y su ingenio eran extraordinarios.

_____

4. Queremos comprar la casa. El jardín es bonito.

_____

2. Escribe las oraciones de nuevo, corrigiendo los errores gramaticales.

1. Ahí veo al chico que su apellido es italiano.

_____

2. ¿Sabes cuyas llaves son éstas?

_____

3. Es un país cuyo buen clima y lindas playas atraen a los turistas.

_____

4. Hay un balcón por cuyo tiene una vista magnífica.

_____

5. No conozco a la persona que su poema ganó el primer premio.

_____

6. Sus hijos, por cuyos hizo tantos sacrificios, no lo quieren.

_____

COLECCIÓN 4 • AMPLIACIÓN

Hoja de práctica 4-B • Ortografía

Más grupos consonánticos

1. Completa las oraciones con la palabra correcta.

1. Ponga los _____ de valor en la caja de seguridad.
  a. objetos   **b.** objectos

2. El señor Maldonado es un hombre muy _____.
  a. digno   **b.** dino

3. Cecilia quiere estudiar _____ de empresas.
  a. aministración   **b.** administración

4. _____ cuando llegue el paquete.
  a. Avísame   **b.** Advísame

5. La _____ avanza cada día más.
  a. tenología   **b.** tecnología

2. Escribe las oraciones de nuevo, corrigiendo los errores ortográficos.

1. Le ajunto un contracto que deberá de firmar de inmediato.

_____

2. Tengo que amitir que la excursión fue toda una adventura.

_____

3. Tarkovsky era un produtor de cine a quien le gustaban los conceptos astractos.

_____

4. Un señor millonario acaba de aquirir un vehículo submergible.

_____

5. El anuncio avierte el lanzamiento de proyetiles.

_____

6. No ostante, a veces es difícil ajustarse a un nuevo país.

_____

         Nuevas vistas Curso avanzado 2

Mitos

Vocabulario adicional

1. Busca la definición que corresponde a cada una de las palabras de *Popol Vuh* y «La historia de Quetzalcóatl», «El casamiento del Sol» y «Los primeros incas».

_____ 1. entregarse

_____ 2. alineamiento

_____ 3. negarse

_____ 4. manifestarse

_____ 5. medida

_____ 6. recipiente

_____ 7. suplicar

_____ 8. defraudar

_____ 9. paralelo

_____10. sabio

a. alineación

b. frustrar, decepcionar

c. darse a conocer

d. que tiene sabiduría

e. rehusar el hacer una cosa

f. estimación comparativa de una cantidad

g. abandonarse a una pasión, vicio, etc.

h. rogar, pedir con instancia y humildad

i. utensilio para guardar o conservar algo

j. dícese de las líneas rectas que están situadas en un mismo plano que nunca se encuentran

2. Las siguientes preguntas usan palabras de «El corrido de Gregorio Cortez». Contéstalas con oraciones completas.

1. ¿De qué color son las <u>amapolas</u>?

_____

2. Cuando subes o bajas escaleras, ¿sientes la necesidad de <u>agarrarte</u> al pasamanos?

_____

3. ¿Cómo se puede ayudar a alguien cuando ha tenido una <u>desgracia</u>?

_____

4. ¿Cómo reaccionas cuando alguien te trata con <u>altivez</u>?

_____

5. Generalmente, ¿en qué tipo de películas oye uno <u>balazos</u>?

_____

Hoja de práctica 5-A • Gramática

....

Más sobre el subjuntivo en cláusulas adverbiales

1. Completa las oraciones con la forma correcta de los verbos entre paréntesis.

   I. Mañana llegaré a tiempo a menos que mi carro _____ (descomponerse).

   2. Generalmente voy al cine los sábados a no ser que mis amigos _____ (dar) una fiesta.

   3. No pude ahorrar los cien dólares como me _____ (gustar).

   4. En caso de que lo _____ (necesitar), Pablo se quedó a su lado.

   5. Yo la perdonaría aunque _____ (hacer) algo malo.

   6. Te lo prestaré con tal de que me _____ (prometer) cuidarlo bien.

   7. Julia apuntó la fecha para que no se le _____ (olvidar).

   8. Lo compraré ya que _____ (estar) en rebaja.

   9. Puedes ir con tal de que ya _____ (terminar) la tarea.

   10. No podía hacerlo sin que tú _____ (estar) presente.

2. Escribe las oraciones de nuevo, corrigiendo los verbos incorrectos.

   I. Debes de ser responsable ahora que seas mayor de edad.

   _____

   2. Se aprendió el número de teléfono en caso de que habría una emergencia.

   _____

   3. Te prestaré este libro a menos que ya lo hubieras leído.

   _____

   4. No habría ido aunque me paguen mil dólares.

   _____

   5. Adrián se escapó sin que nadie se dé cuenta.

   _____

Hoja de práctica 5-B • Ortografía

La aspiración

1. Completa el párrafo con las palabras correctas.

> Según nos **1.** (cuenta/cuentas) en sus **2.** (crónica/crónicas) el soldado Bernal
> Díaz del Castillo, cuando los **3.** (epañoles/españoles) llegaron a las tierras
> **4.** (veracruzana/veracruzanas) al mando de Hernán Cortés, uno de los
> **5.** (indígena/indígenas) pidió ver el **6.** (caco/casco) de uno de **7.** (lo/los) soldados,
> diciendo que hacía muchos **8.** (año/años), había llegado a la Gran Tenochtitlán un
> **9.** (hombre/hombres) rubio, barbudo y blanco **10.** (portando/portandos) un casco
> semejante. Dijo que al marcharse, se los había regalado y los **11.** (sacerdote/
> sacerdotes) lo colocaron en la cabeza de uno de **12.** (su/sus) ídolos, el
> **13.** (dio/dios) Huitzilopochtli. Resultó que el casco dorado que **14.** (tenía/tenías)
> el dios era igual al del soldado **15.** (hipano/hispano), sólo que tenía en ambos
> **16.** (lado/lados) unos cornezuelos al **17.** (etilo/estilo) de los cascos
> **18.** (vikingo/vikingos).

2. Escribe las oraciones de nuevo, corrigiendo los errores ortográficos.

1. La hitoria trata sobre un joven andalu que se casa con la hija del rico jue a econdidas.

   _____

2. Juto cuando el obipo bendice a los jóvene, uno hombre se acercan a la ciudad.

   _____

3. El padre quiere matar a los futuro esposo y luego, detruir todos lo edificio.

   _____

4. Pero ante de llegar a la ciudad, éta se devanece, se efuma.

   _____

5. Con sus fiele compañero, recorrió montes y pradera, pero la ciudad no etaba.

   _____

COLECCIÓN 6

Perspectivas humorísticas

Vocabulario adicional

1. Busca la definición que corresponde a cada una de las palabras de *Don Quijote de la Mancha*.

_____ 1. acertar   **a.** proposición, enunciado, resolución judicial

_____ 2. ingratitud   **b.** llamar la atención sobre algo, prevenir

_____ 3. bendecir   **c.** tomar una determinación, decidirse

_____ 4. sentencia   **d.** conseguir el fin propuesto

_____ 5. enriquecer   **e.** desagradecimiento, olvido de los favores recibidos

_____ 6. advertir   **f.** hacer rica a una persona, país, etc., o hacerse rico uno mismo

_____ 7. acudir   **g.** entregarse, encargar a alguien que cuide de uno y le dé protección

_____ 8. resolverse   **h.** centrar el pensamiento en algo, considerar con atención

_____ 9. encomendarse   **i.** ir uno al sitio donde le conviene, frecuentar un sitio

_____ 10. reflexionar   **j.** invocar la protección divina en favor de una persona o sobre alguna cosa

2. Las siguientes preguntas usan palabras de «El libro talonario». Contéstalas con oraciones completas.

1. ¿Qué haces para animar a un(a) amigo(a) cuando está <u>melancólico(a)</u>?

_____

2. En general, ¿tratas de <u>resolver</u> los problemas por tu cuenta? ¿Cómo lo haces?

_____

3. ¿Tienes algo en especial que <u>guardas</u> con mucho cuidado?

_____

4. ¿Alguna vez has sentido la <u>ingratitud</u> de un ser querido? ¿Qué sucedió?

_____

5. ¿Te gusta escribir en un diario para <u>reflexionar</u> sobre las cosas que te suceden?

_____

Hoja de práctica 6-A • Gramática

Más sobre el progresivo

1. Escoge la mejor traducción en español que equivale a la oración en inglés.

_____ 1. I am writing to you to ask for further information.
    a. Les estoy escribiendo para solicitar mayor información.
    b. Les escribo para solicitar mayor información.

_____ 2. I'm sure she's never coming back.
    a. Estoy seguro de que ella nunca regresará.
    b. Estoy seguro de que ella nunca está regresando.

_____ 3. Who is standing next to the mayor?
    a. ¿Quién está parado al lado del alcalde?
    b. ¿Quién está parando al lado del alcalde?

_____ 4. Are you coming with me or are you staying?
    a. ¿Vienes conmigo o te quedas?
    b. ¿Estás viniendo conmigo o quedándote?

_____ 5. They were coming back by bus but decided to fly instead.
    a. Estaban regresando en autobús pero decidieron volar.
    b. Iban a regresar en autobús pero decidieron volar.

2. Traduce las siguientes oraciones al inglés.

1. —Javier, ven acá.
   —Voy.

_____

2. Inés lleva un vestido de terciopelo negro.

_____

3. El avión sale a las ocho de la mañana.

_____

4. Estuvimos parados durante varias horas.

_____

5. Con esta carta, te adjunto tres fotos.

_____

COLECCIÓN 6 • AMPLIACIÓN